大跨度PK宽箱混合梁斜拉桥设计与施工关键技术

赵　健　周冠南　樊立龙　主　编
李春江　张广涛　刘海国　副主编

清华大学出版社
北京

内 容 简 介

本书结合世界第七大跨度混合梁斜拉桥——石首长江公路大桥的建设实践，基于大跨度PK宽箱混合梁斜拉桥开展的科研攻关与技术创新成果，系统深入地阐述混合梁斜拉桥设计与质量控制关键技术。本书内容包括绪论、空间结构数值模拟计算方法、PK断面混凝土箱梁施工阶段结构力学性能及破坏机制分析、PK箱梁混凝土配合比设计与质量控制研究、PK箱梁混凝土温度控制研究、大跨度混合梁斜拉桥边跨主梁节段预制拼装关键技术、大跨度混合梁斜拉桥非对称施工阶段结构受力行为分析、大跨度混合梁斜拉桥主梁总体施工方案优化设计、索塔锚固结合部技术研究。

本书可供从事桥梁设计、施工、监理、建设管理人员学习借鉴，特别针对大跨度混合梁斜拉桥建造的工程技术人员具有指导和启发作用，同时也可为桥梁工程相关技术领域科研院所研究人员参考使用。

版权所有，侵权必究。举报：010-62782989，beiqinquan@tup.tsinghua.edu.cn。

图书在版编目(CIP)数据

大跨度PK宽箱混合梁斜拉桥设计与施工关键技术/赵健，周冠南，樊立龙主编. —北京：清华大学出版社，2023.5
ISBN 978-7-302-62838-5

Ⅰ.①大… Ⅱ.①赵… ②周… ③樊… Ⅲ.①长跨桥－箱梁桥－斜拉桥－桥梁设计 ②长跨桥－箱梁桥－斜拉桥－桥梁施工 Ⅳ.①U448.43

中国国家版本馆CIP数据核字(2023)第035282号

责任编辑：王向珍 王 华
封面设计：陈国熙
责任校对：赵丽敏
责任印制：丛怀宇

出版发行：清华大学出版社
网　　址：http://www.tup.com.cn, http://www.wqbook.com
地　　址：北京清华大学学研大厦A座　　邮　编：100084
社 总 机：010-83470000　　邮　购：010-62786544
投稿与读者服务：010-62776969, c-service@tup.tsinghua.edu.cn
质量反馈：010-62772015, zhiliang@tup.tsinghua.edu.cn
印 装 者：三河市龙大印装有限公司
经　　销：全国新华书店
开　　本：185mm×260mm　　印　张：12　　字　数：288千字
版　　次：2023年6月第1版　　印　次：2023年6月第1次印刷
定　　价：88.00元

产品编号：095450-01

编 委 会

名誉主编：王元清

主　　编：赵　健　周冠南　樊立龙

副 主 编：李春江　张广涛　刘海国

编　　委：（按姓氏拼音排序）

安路明　蔡维栋　陈　港　高　伟　霍艳雷　李福友
连延金　林凤国　刘　涛　刘长辉　刘春成　刘明虎
刘银涛　马　驰　孟令凯　彭志川　任延龙　沙权贤
石金刚　孙长志　孙宏伟　田　亮　拓明阳　王　雷
王　伟　王　正　王保良　王方旭　王伟亮　王文强
吴小雨　杨梦纯　于浩业　张　庆　张海顺　张家元
张培炎　张鹏志　张壮壮　赵　远　赵多苍　朱林达
朱永盛

序言

自2014年中铁十三局改制为中国铁建大桥工程局集团有限公司(简称中铁建大桥局)后,先后承接了多项技术难度大、科技含量高的桥梁工程项目。多年来,中铁建大桥局开创了10多项世界之"最"和20多项中国之"最",实现了"十七跨黄河""十一跨长江""十三跨海湾""四跨乌江""四跨松花江",树立了一座座桥梁丰碑。

中铁建大桥局承建的桥梁有:我国首座公铁两用跨海大桥——平潭海峡公铁两用大桥,世界最大跨度自锚式悬索桥——重庆鹅公岩轨道大桥(2019年),世界顶推距离最长、顶推重量最重的连续钢桁梁桥——三门峡黄河公铁两用大桥(2018年),世界最大跨度的三主桁钢桁拱桥——广州明珠湾大桥,棋盘洲、石首、武穴等长江公路大桥(跨度均在我国位居前列)。

截至2021年,中铁建大桥局已建成的最大跨度斜拉桥为主跨820m石首长江公路大桥,该桥是目前世界第七大跨度混合梁斜拉桥,同时是国内首座实现主梁全部采用装配式建造的混合梁斜拉桥,除钢箱梁采用工厂预制拼装外,PK混凝土箱梁采用桥位短线法节段预制拼装施工工艺,将大桥宽38.5m主梁线形±10mm的控制标准提高到了±2mm,高于国内外同类桥梁标准,实现了大跨度混合梁斜拉桥现代化、标准化的装配式建造。该项技术是赵健在从事博士后研究工作期间联合集团设计研究院与第一工程有限公司技术人员共同研发的,该工艺的成功应用对混合梁斜拉桥PK混凝土箱梁防裂控制及线形质量控制效果显著。

赵健于2018年在其发表的《石首长江公路大桥北边跨施工关键技术》中,对"桥位短线法"与"节段预制胶拼"施工技术以及空间预应力数值模拟等研究工作进行了详细描述,在此期间该技术已成功应用到石首长江公路大桥等项目中,取得了良好的效果。据此,后经深入研究、试验分析及理论知识完善,最终将此技术设计与施工关键技术整理成书出版。

目前,中国是世界基建规模最大、建设速度最快的国家。中国铁建是国家基础建设队伍的"铁军",我们不仅要继承铁道兵精神,"逢山开路,遇水架桥",还要在土木工程技术快速发展的年代提出更高要求。近些年,我国的长大桥梁发展迅速,如世界跨度最大的斜拉-悬索协作体系桥梁——西堠门公铁两用跨海大桥,世界跨度最大的公铁两用混合梁斜拉桥——桃夭门公铁两用跨海大桥,世界上最大跨度高低塔公铁两用同层斜拉桥——富翅门公铁两用跨海大桥等相继建成。这些新型桥梁结构的出现将奠定中国在世界桥梁大国的地位,我们作为中国铁建的专业建桥队伍,将不负使命,勇于创新,为我国桥梁的建设与技术发展继续贡献力量。

中国铁建股份有限公司

首席专家、总工程师:

2021年12月1日　北京

前言

尽管近20年PK箱梁在我国混合梁公路斜拉桥的建设中被广泛运用，但是关于PK箱梁的研究相对滞后，许多工程师和技术人员依然对该梁型结构的力学性能及施工方法理解不够深入，由现有施工技术的局限性造成混合梁斜拉桥的边跨主梁结构质量及线形无法保障达到设计标准，在修建完成后又因运输量大，重型荷载长期作用在边跨主梁上，以及温度变化、混凝土自身引起的收缩、徐变等，最终导致边跨混凝土主梁在桥梁建成服役后比主跨钢梁提前进入"损伤状态"，并引起一系列负面影响。"损伤状态"会直接通过拉索系统传递到主塔，再由拉索和钢混结合段直接传递到钢主梁，致使整个结构运营状态发生变化，严重影响斜拉桥的服役年限。有分析表明：由施工技术引起的质量问题导致后续的结构耐久性下降的案例屡见不鲜，所以桥塔锚固区与PK断面混凝土箱梁防裂控制是保障混合梁斜拉桥服役年限的关键，同时也是目前迫切需要解决的技术问题。

本书共分九章，详细讨论了大跨度混合梁斜拉桥设计与施工的关键技术，并通过实际工程进行验证。第1章简述大跨度混合梁斜拉桥研究内容与迫切需要解决的问题；第2章利用MIDAS FEA软件建立混凝土箱梁节段的精细化有限元模型，提出一种"基于空间预应力结构的数值模拟计算方法"，以提高PK箱梁节段预制、胶拼施工过程的数值模拟计算精度。第3章通过建立PK箱梁节段精细化有限元模型，研究箱梁结构的力学性能及破坏机制，分析箱梁节段在施工过程中"剪力滞效应"。第4章对C55高性能混凝土进行基本性能试验、早期抗裂性试验、收缩徐变试验、耐久性试验，并采用扫描电子显微镜（scanning electron microscope，SEM）对混凝土微观结构进行分析。第5章研究混凝土温控措施，制定了PK箱梁大体积混凝土温控防裂评价标准，根据计算结果确定了夏季温控措施。第6章总结大跨度混合梁斜拉桥PK箱梁施工关键技术，并对关键技术成果应用进行了评价。第7章采用精细化数值模拟技术，建立一种混合梁斜拉桥非对称施工阶段的四维多尺度有限元模型，从而提高了混合梁非对称施工过程模拟计算的精度。第8章对大跨度混合梁斜拉桥边跨主梁进行总体施工方案设计和优化，设计一套完整的"桥位短线法"节段预制、拼装的施工方案。第9章通过对锚固区抗裂性能展开研究，提出了可用于结合部连接件剪力计算的连续弹性介质层法，形成了钢锚梁式组合索塔锚固结构的设计方法。

本书通过系统研究大跨度混合梁斜拉桥设计与施工关键技术，并应用到石首长江公路大桥等工程，解决了PK箱梁与索塔锚固区结构防裂的技术难题，通过科研攻关与工程实践验证了此技术应用效果良好。

本书中关于大跨度混合梁斜拉桥设计与施工关键技术研究内容是我在清华大学与中国铁建大桥工程局集团从事博士后科研工作的主要内容,该研究中始终得到了王元清教授、周冠南总工程师的悉心指导,本书在撰写过程中也得到了行业专家与同事们的大力帮助,在此一并感谢。

赵　健

2021年11月21日　天津

目录

第 1 章 绪论 ... 1
1.1 项目背景 ... 1
1.2 石首长江公路大桥工程概述 ... 2
1.3 项目主要研究内容 ... 5
1.4 项目研究过程概述 ... 6
1.5 项目总体技术性能指标 ... 6
1.6 项目创新点和取得的突破 ... 8
1.7 项目研究成果的推广应用条件和应用前景 ... 9
1.8 存在问题及工作设想 ... 10

第 2 章 空间结构数值模拟计算方法 ... 11
2.1 概述 ... 11
2.2 PK 断面混凝土箱梁结构 ... 11
2.2.1 PK 断面混凝土箱梁的结构特点 ... 11
2.2.2 预应力钢束类型 ... 12
2.3 PK 断面混凝土箱梁空间结构建模方法 ... 13
2.3.1 有限元模型单元选择 ... 13
2.3.2 非线性材料本构模型 ... 14
2.3.3 混凝土裂缝模型 ... 15
2.4 空间预应力建模方法 ... 16
2.5 计算实例 ... 17
2.5.1 主桥总体布置 ... 17
2.5.2 主梁断面形式 ... 17
2.5.3 预应力钢束 ... 17
2.6 有限元模型 ... 18
2.6.1 PK 断面混凝土箱梁结构模型 ... 18
2.6.2 预应力钢束模型 ... 19
2.6.3 材料参数 ... 20
2.6.4 计算假定 ... 20
2.6.5 边界条件 ... 21
2.7 计算结果分析 ... 21

2.8　空间预应力影响效果分析 ··· 25
　　　2.8.1　对比区域选择 ·· 25
　　　2.8.2　结构应力状态分析 ··· 27
　　　2.8.3　结构变形状态分析 ··· 30
　2.9　实测结果对比 ·· 31
　2.10　结论 ··· 32

第3章　PK断面混凝土箱梁施工阶段结构力学性能及破坏机制分析　33

　3.1　概述 ··· 33
　3.2　剪力滞效应的简化计算方法 ·· 34
　3.3　PK断面混凝土箱梁剪力滞效应机制 ··· 35
　3.4　研究主体概况 ·· 35
　3.5　数值模拟分析 ·· 35
　　　3.5.1　有限元模型 ··· 35
　　　3.5.2　参数选取 ··· 35
　　　3.5.3　计算工况 ··· 36
　3.6　现场实测与模型精度验证 ··· 36
　3.7　剪力滞计算结果分析 ··· 37
　3.8　PK断面混凝土箱梁早期收缩、徐变效应分析 ································· 39
　　　3.8.1　结构开裂现场调研 ··· 39
　　　3.8.2　收缩、徐变计算的参数取值 ··· 40
　　　3.8.3　梁段预制期间的收缩、徐变计算结果 ······································· 41
　　　3.8.4　收缩、徐变对箱梁预应力损耗的影响 ······································· 43
　3.9　结论 ··· 43

第4章　PK箱梁混凝土配合比设计与质量控制研究　45

　4.1　混凝土箱梁节段预制施工技术重难点 ·· 45
　4.2　高性能混凝土配合比设计目标、流程与思路 ··································· 46
　　　4.2.1　配合比设计指标 ·· 46
　　　4.2.2　配合比设计流程 ·· 47
　　　4.2.3　配合比设计思路 ·· 47
　4.3　PK箱梁C55高性能混凝土配合比优化设计 ····································· 48
　　　4.3.1　试验材料 ··· 48
　　　4.3.2　试验方法 ··· 50
　4.4　混凝土配合比设计与基本性能试验 ·· 52
　　　4.4.1　P·O 42.5水泥试配的混凝土 ·· 52
　　　4.4.2　采用P·O 52.5水泥试配的混凝土 ·· 53
　　　4.4.3　初步优选的混凝土配合比复盘验证 ··· 54
　　　4.4.4　初步优选的混凝土配合比蒸汽养护强度试验 ··························· 55

4.5 混凝土绝热温升测定与早期抗裂性试验 ································ 56
4.5.1 绝热温升 ·· 56
4.5.2 早期抗裂性 ·· 56
4.6 混凝土收缩与徐变试验 ································ 57
4.6.1 干燥收缩 ·· 57
4.6.2 徐变 ·· 58
4.7 混凝土耐久性试验 ································ 60
4.7.1 抗氯离子渗透性（电通量法）和抗碳化法 ································ 60
4.7.2 抗硫酸盐侵蚀性能 ································ 60
4.7.3 抗冻性 ·· 61
4.8 混凝土微观结构分析 ································ 62
4.8.1 水泥-粉煤灰-矿粉复合胶凝浆体的化学结合水 ································ 62
4.8.2 水泥-粉煤灰-矿粉复合胶凝浆体水化产物物相 XRD 分析 ································ 63
4.8.3 水泥-粉煤灰-矿粉复合胶凝浆体微观结构 SEM 分析 ································ 64
4.9 北边跨箱梁混凝土施工质量控制技术要点 ································ 66
4.9.1 混凝土原材料主控指标 ································ 66
4.9.2 混凝土拌和生产与运输 ································ 67
4.9.3 混凝土浇筑质量控制 ································ 68
4.10 混凝土养护及拆模 ································ 69
4.10.1 混凝土自然养护 ································ 69
4.10.2 混凝土蒸汽养护 ································ 70
4.10.3 混凝土拆模 ································ 70
4.11 混凝土温控防裂措施 ································ 70
4.12 预应力张拉工序分析 ································ 71
4.13 结束语 ································ 71

第 5 章 PK 箱梁混凝土温度控制研究 ································ 73

5.1 概述 ·· 73
5.1.1 工程概况 ································ 73
5.1.2 抗裂重点及难点 ································ 73
5.1.3 抗裂安全性评价标准 ································ 73
5.1.4 应力评价标准 ································ 75
5.2 A 型梁仿真计算 ································ 75
5.2.1 仿真计算资料 ································ 75
5.2.2 仿真计算结果 ································ 77
5.3 E 型梁仿真计算 ································ 79
5.3.1 仿真计算资料 ································ 79
5.3.2 仿真计算结果 ································ 80
5.4 温控标准 ································ 82

5.5 箱梁夏季施工混凝土温控措施 ··· 82
  5.5.1 混凝土浇筑温度控制 ··· 82
  5.5.2 混凝土原材料降温措施 ·· 82
  5.5.3 冷却水使用及控制 ··· 85
  5.5.4 养护控制 ·· 85
5.6 箱梁冬季施工混凝土保温控制措施 ··· 86
  5.6.1 混凝土原材料质量控制 ·· 86
  5.6.2 混凝土配制和搅拌质量控制 ··· 86
  5.6.3 混凝土运输和浇筑质量控制 ··· 87
  5.6.4 保温保湿养护 ··· 87
5.7 现场温度监测方案 ··· 87
5.8 箱梁混凝土现场温度监测结果及分析 ··· 88
  5.8.1 箱梁混凝土浇筑基本情况 ··· 88
  5.8.2 混凝土入模温度控制情况 ··· 88
  5.8.3 混凝土冷却水管通水情况 ··· 89
  5.8.4 混凝土养护情况 ·· 89
5.9 E 型梁混凝土内部温度发展情况 ·· 90
  5.9.1 测温元件布置 ··· 90
  5.9.2 测温结果 ·· 92
  5.9.3 测温数据分析 ··· 92
  5.9.4 A 型梁混凝土内部温度发展情况 ·· 94
  5.9.5 M 型梁混凝土内部温度发展情况 ·· 96
5.10 结束语 ·· 98

第 6 章 大跨度混合梁斜拉桥边跨主梁节段预制拼装关键技术 ················ 100

6.1 概述 ·· 100
6.2 PK 断面箱梁组合式移动模板 ··· 100
  6.2.1 技术背景 ··· 100
  6.2.2 技术方案 ··· 100
  6.2.3 组合式移动模板构造特点 ··· 101
  6.2.4 技术优势 ··· 102
6.3 箱梁节段预制工艺 ··· 102
  6.3.1 技术背景 ··· 102
  6.3.2 PK 断面箱梁预制施工方案 ··· 102
  6.3.3 技术优势 ··· 104
6.4 混凝土箱梁节段预应力张拉工序设计 ··· 104
  6.4.1 PK 断面箱梁预应力设置 ·· 104
  6.4.2 预应力张拉工序分析意义 ··· 106
  6.4.3 箱梁预应力张拉工序模拟 ··· 106

  6.4.4　计算结果讨论 ……………………………………………………………… 106
  6.4.5　预应力张拉工序设计 ………………………………………………………… 108
  6.4.6　预应力张拉工序应用效果 …………………………………………………… 108
 6.5　箱梁节段提升与落梁施工技术 ………………………………………………………… 108
  6.5.1　技术原理 ……………………………………………………………………… 108
  6.5.2　箱梁节段吊点与吊具设计 …………………………………………………… 109
  6.5.3　吊杆检测与安装 ……………………………………………………………… 111
  6.5.4　箱梁提升 ……………………………………………………………………… 111
  6.5.5　落梁技术 ……………………………………………………………………… 112
 6.6　箱梁节段胶拼控制技术 ………………………………………………………………… 113
  6.6.1　技术背景 ……………………………………………………………………… 113
  6.6.2　箱梁空间姿态测控技术 ……………………………………………………… 113
  6.6.3　千吨级混凝土预制梁段防裂滑移系统 ……………………………………… 113
  6.6.4　箱梁节段胶拼施工工艺 ……………………………………………………… 115
 6.7　结束语 …………………………………………………………………………………… 117

第 7 章　大跨度混合梁斜拉桥非对称施工阶段结构受力行为分析 ………………………… 118
 7.1　概述 ……………………………………………………………………………………… 118
 7.2　混合梁斜拉桥施工控制原则 …………………………………………………………… 118
 7.3　混合梁斜拉桥施工控制影响因素 ……………………………………………………… 119
 7.4　有限元分析方法 ………………………………………………………………………… 119
 7.5　有限元建模 ……………………………………………………………………………… 120
  7.5.1　结构模型 ……………………………………………………………………… 120
  7.5.2　斜拉索模拟 …………………………………………………………………… 120
  7.5.3　边界条件 ……………………………………………………………………… 121
 7.6　计算工况 ………………………………………………………………………………… 122
  7.6.1　箱梁收缩徐变 ………………………………………………………………… 122
  7.6.2　边跨混凝土预应力模拟 ……………………………………………………… 123
  7.6.3　桥面起重机荷载 ……………………………………………………………… 123
 7.7　斜拉索初张力设定 ……………………………………………………………………… 123
 7.8　施工阶段受力分析 ……………………………………………………………………… 125
  7.8.1　最大双悬臂状态受力分析 …………………………………………………… 125
  7.8.2　最大单悬臂状态受力分析 …………………………………………………… 127
  7.8.3　合龙状态 ……………………………………………………………………… 129
 7.9　计算结果对比 …………………………………………………………………………… 131
  7.9.1　位移对比分析 ………………………………………………………………… 131
  7.9.2　应力对比分析 ………………………………………………………………… 132
  7.9.3　主梁横向变形分析 …………………………………………………………… 133
 7.10　结论 …………………………………………………………………………………… 134

7.11 结束语······135

第8章 大跨度混合梁斜拉桥主梁总体施工方案优化设计······136

8.1 大桥总体施工方案······136
8.2 施工方案对比分析······138
 8.2.1 支架现浇施工方案······138
 8.2.2 支架节段预制拼装施工方案······139
 8.2.3 桥位短线法节段预制拼装施工方案······139
8.3 大桥北边跨主梁总体施工方案······139
8.4 装备选型······140
8.5 存梁支架布置······141
8.6 结论······143

第9章 索塔锚固结合部技术研究······144

9.1 概述······144
9.2 钢锚梁索塔锚固结合部发展······144
9.3 索塔组合锚固结合部承载能力模型试验设计······148
 9.3.1 概述······148
 9.3.2 模型试件设计与制作······150
 9.3.3 试验加载方案······152
 9.3.4 试验测试方案······154
9.4 模型试验结果分析······156
 9.4.1 开孔板式试件测试结果分析······156
 9.4.2 箱格式试件测试结果分析······163
 9.4.3 两试件测试结果比较······169
9.5 结论······173
 9.5.1 开孔板式结合部······173
 9.5.2 箱格式结合部······173

参考文献······174

第1章

绪 论

1.1 项目背景

近年来,我国经济发展速度持续增长,运输量日益增多,为提高通行能力,公路斜拉桥常常扩大桥面宽度以满足必要的交通运输要求,分离式双边箱梁(PK 断面箱梁)性价比较高,常用来替代传统的"单箱单室"与"单箱多室"等梁型,其构造方案及演变如图 1-1 所示。

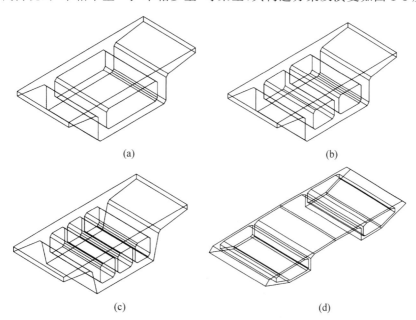

图 1-1 箱梁结构构造方案

(a) 单箱单室箱梁;(b) 单箱双室箱梁;(c) 单箱多室箱梁;(d) 分离式双边箱梁(PK 断面箱梁)

混合梁斜拉桥是指斜拉桥的主梁沿梁的长度方向由两种不同材料组成,主跨的梁体为钢梁,边跨(或伸入主跨一部分)的梁体为混凝土梁。混合梁斜拉桥由于主跨采用钢梁,所以具有跨越能力大的优点,而边跨采用混凝土梁起到了很好的锚固作用且可降低建桥成本。目前世界上主跨跨径排名前 10 位的斜拉桥中,有 8 座为混合梁斜拉桥。综合来看,无论是跨越能力还是经济技术层面,混合梁斜拉桥都具有较强的竞争力。目前世界超大跨度混合梁斜拉桥的主要结构形式如表 1-1 所示。

表 1-1　国内外典型混合梁斜拉桥的结构实例

序号	桥名	跨径/m	主梁	主塔	索塔锚固	国别	建成时间
1	俄罗斯岛大桥	1104	混合梁	A 形混凝土塔	组合锚固	俄罗斯	2012
2	昂船洲大桥	1018	混合梁	圆形组合塔	组合锚固	中国	2009
3	鄂东长江大桥	926	混合梁	混凝土塔	组合锚固	中国	2010
4	多多罗大桥	890	混合梁	倒 Y 形钢塔	钢锚固	日本	1999
5	诺曼底大桥	856	混合梁	倒 Y 形混凝土塔	组合锚固	法国	1995
6	石首长江公路大桥	820	混合梁	倒 Y 形混凝土塔	组合锚固	中国	2019
7	九江长江公路大桥	818	混合梁	H 形混凝土塔	组合锚固	中国	2013
8	荆岳长江大桥	816	混合梁	H 形混凝土塔	组合锚固	中国	2010
9	闵浦大桥	708	混合梁	H 形混凝土塔	组合锚固	中国	2009
10	望东长江大桥	638	组合梁	混凝土塔	组合锚固	中国	2016
11	白沙洲长江大桥	618	混合梁	A 形混凝土塔	非交错锚固	中国	2000
12	二七长江大桥	616	组合梁	混凝土塔	组合锚固	中国	2011

混合梁斜拉桥在我国虽起步较晚，但随着基础设施建设的快速推进，国内混合梁斜拉桥发展迎来了黄金时期。2009 年建成的香港昂船洲大桥，主跨 1018m；2010 年建成的湖北鄂东长江大桥，主跨 926m；2010 年建成的湖北荆岳长江大桥主跨为 816m。一系列享誉世界的混合梁斜拉桥的建成使我国在混合梁斜拉桥的设计理论及施工技术方面迈上了一个新台阶。

大跨度混合梁斜拉桥大多采用支架上整体现浇形式进行边跨混凝土梁施工，该施工方法成本相对较低，但混凝土梁质量控制难度较大。采用支架现浇工艺的大跨度混凝土梁会因支架不均匀沉降、水化效应、收缩徐变等影响产生多种形式的裂缝，极大地影响结构外观和质量。从结构受力角度来说，混合梁斜拉桥边跨混凝土梁起到配重的作用，当边跨混凝土梁受到破坏时，这种"损伤状态"引起的一系列负面影响会直接通过索系统传递到主塔，再由拉索及钢混结合段间接传递到钢主梁，导致整个结构受力状态发生变化，难以满足设计要求。从目前来看，采用该施工方法已修建完成的类似桥梁结构均在 PK 宽箱混凝土梁结构与主塔锚固区发现结构裂缝。

本书通过石首长江公路大桥工程实践，提出大跨度 PK 宽箱混合梁斜拉桥的桥位短线法节段预制胶拼施工方案，空间预应力结构数值模拟方法，PK 断面混凝土箱梁施工阶段结构力学性能及破坏机制，PK 断面箱梁混凝土配合比设计与质量控制、PK 断面箱梁混凝土温度控制、大跨度混合梁斜拉桥边跨主梁节段预制拼装关键技术，大跨度混合梁斜拉桥四维多尺度有限元分析方法，新型索塔锚固结合部技术。所取得的研究成果对大跨度 PK 宽箱混合梁斜拉桥的建造提供了技术保障，且具有重要的理论与推广应用价值。

1.2　石首长江公路大桥工程概述

1. 大桥地理位置

石首长江公路大桥位于素有"九曲回肠"之称的下荆江之首，是国道"G234 兴隆—阳江"跨越长江的控制性工程，也是湖北"953"高速公路网纵五线"枣阳—石首"的过江通道。大桥上游距荆州长江公路大桥 66km，下游距荆岳长江公路大桥 75km。大桥地理位置如图 1-2 所示。

图 1-2 石首长江公路大桥地理位置

2. 主要技术标准

(1) 公路等级：高速公路；

(2) 设计速度：100km/h；

(3) 行车道数：双向六车道；

(4) 设计使用寿命：100 年；

(5) 桥梁宽度：33.5m(不含布索区)；

(6) 最大纵坡≤2.5%；

(7) 抗震设计参数：50 年内超越概率为 10%的地震动峰值加速度为 0.0566g，大桥抗震裂度按Ⅶ级设防；

(8) 通航标准：单孔单向通航净宽≥225m，单孔双向通航净宽≥420m，净高≥18m；

(9) 通航水位：设计最高通航水位 37.64m，设计最低通航水位 24.14m(1985 黄海高程系统)；

(10) 设计洪水频率：1/300 设防。

3. 桥梁结构概况

石首长江公路大桥主桥长 1445m，主跨采用 820m 的双塔非对称混合梁斜拉桥方案，桥跨布置为(75+75+75)m+820m+(300+100)m(图 1-3)。大桥中跨和南边跨采用正交异性板 PK 钢箱梁结构(图 1-4)，全长 1193.5m。北边跨采用 PK 混凝土箱梁结构，长 251.5m。索塔采用倒 Y 形空心单箱室混凝土结构，塔柱在高程 60.525m 处设置横梁，总高 232m。

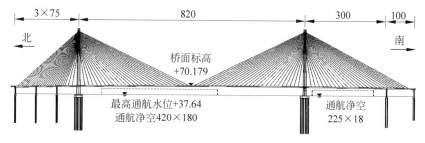

图 1-3 石首长江公路大桥桥跨布置(单位：m)

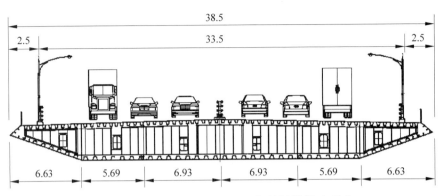

图 1-4 中跨与南边跨正交异性板 PK 钢箱梁横断面(单位：m)

北边跨 PK 混凝土箱梁结构(图 1-5)采用 C55 混凝土材料，箱梁顶板厚 35cm，底板厚 40cm，内腹板厚 55cm，箱梁单幅含风嘴宽 38.5m，高 3.822m，隔板厚 0.32m，箱梁根据结构参数共划分为 13 个截面，共 36 个节段，节段长 5.0～7.5m，最小吊装质量 736.1t，最大吊装质量 1047.9t。箱梁除布置纵向预应力束外，在顶板、底板和隔板内设有横向预应力，腹板设有竖向预应力，其中纵向预应力又分为体内预应力和体外预应力，共同组成了"空间预应力结构"。

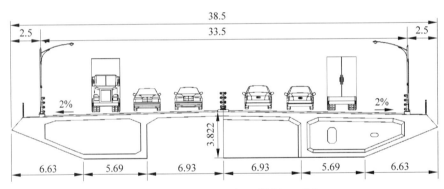

图 1-5 北边跨 PK 混凝土箱梁横断面(单位：m)

4. 桥位场地情况

根据地质勘测报告，桥址位于软基地层，主要以粉细砂为主，含少量粉质黏土、粉土、淤泥质黏土、卵石、中沙等，导致边跨混凝土箱梁施工难度提高，施工质量控制是该桥重点研究问题之一。桥址区位于石首市长江下游南北碾子湾段长江及其两岸，场地地貌单元属于长江河床及漫滩桥位地质条件，如图 1-6 所示。

5. 需要解决的技术问题

(1) PK 断面混凝土箱梁在我国混合梁公路斜拉桥的建设中被广泛运用，但是对 PK 断面混凝土箱梁的研究相对滞后，许多工程师和技术人员依然对该梁型结构的力学性能以及施工方法的理解不够深入，又由于现有施工技术的局限性，混合梁斜拉桥的边跨主梁(PK 断面混凝土箱梁)结构质量及线形无法保证一定达到设计标准，在修建完成后又因运输量大，重型荷载长期作用在边跨主梁上，以及温度变化、混凝土自身引起的收缩、徐变等因素，最终导致边跨混凝土主梁在桥梁建成服役后比主跨钢梁提前进入"损伤状态"，并引起一系

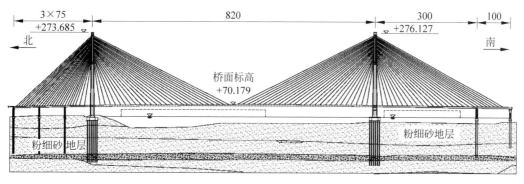

图 1-6 桥位地质条件示意(单位：m)

列负面影响。"损伤状态"会直接通过拉索系统传递到主塔,再由拉索和钢混结合段直接传递到钢主梁,致使整个结构运营状态发生变化,严重影响斜拉桥的服役年限,从而增大养护和维修费用。有分析表明,由施工技术引起的边跨主梁的质量问题导致后续的结构耐久性下降的案例屡见不鲜,所以边跨主梁施工的控制技术是保障混合梁斜拉桥服役年限的关键。

(2) PK 断面混凝土箱梁由几何特性引起的力学问题十分显著,它具有横向宽度大的特点,从设计角度来看,其结构的刚度及线形控制需要通过"空间预应力钢筋"的设置来实现。但是,PK 断面混凝土箱梁成桥受力行为与未成桥状态存在巨大差异,桥梁设计人员通常以成桥状态考虑其结构的优越性,对 PK 断面混凝土箱梁的"节段预制、拼装施工工艺"的难度并未熟知,导致施工总体设计方案复杂,前期工程量预算难度增大。

(3) 由于 PK 断面混凝土箱梁结构在施工及使用过程中的剪力滞效应的存在,传统的结构设计与计算方法(理论计算公式)以及数值模拟方法(经典的杆系模型)很难考虑"空间预应力的耦合效应"对结构的影响,计算精度已经无法满足结构的设计需要,所以,需要采用一种精细化有限元模拟方法,既可以直观地反映结构的力学性能,又可以根据材料强度判断其薄弱位置(裂缝数据采集),力争对 PK 断面混凝土箱梁的施工过程进行完整的模拟分析,从而保障结构的质量及耐久性。

(4) 桥塔钢锚梁与 PK 断面混凝土箱梁防裂控制是保障混合梁斜拉桥服役年限的关键,同时也是目前大跨径公路混合梁斜拉桥迫切需要解决的关键技术问题。

1.3 项目主要研究内容

(1) 大跨度混合梁斜拉桥主梁总体施工方案优化设计研究;
(2) 空间预应力混凝土结构数值模拟技术研究;
(3) PK 箱梁施工阶段结构破坏机制和剪力滞效应研究;
(4) 超宽 PK 断面混凝土箱梁施工阶段防裂控制技术;
(5) 大跨度混合梁斜拉桥施工阶段空间力学行为分析;
(6) 大跨度混合梁斜拉桥索塔新型钢锚梁结构设计。

1.4 项目研究过程概述

项目研究工作从 2015 年 12 月开始,从方案论证、比选、制定入手,开展了研究工作,项目组根据桥梁结构特点及场地情况,确定了大桥结构设计与总体施工方案,并进行了大跨度 PK 宽箱混合梁斜拉桥建造关键技术的专题研究。结合工程需要,开展了短线法节段预制胶拼施工方法、PK 断面混凝土箱梁空间结构数值模拟计算方法、PK 断面混凝土箱梁施工阶段结构力学性能及破坏机制、PK 断面箱梁混凝土配合比设计与质量控制、PK 断面箱梁混凝土温度控制、大跨度混合梁斜拉桥边跨主梁节段预制拼装关键技术、大跨度混合梁斜拉桥四维多尺度有限元分析方法、索塔锚固结合部技术的研究工作,确保了大桥顺利建成。对大跨度 PK 宽箱混合梁斜拉桥空间力学进行分析,对今后类似桥梁结构设计、施工打下良好的理论基础。

该桥于 2019 年 5 月成功合龙。项目组于 2019 年 6 月,经过系统整理得出本研究成果。该项目 PK 断面混凝土箱梁空间结构数值模拟计算方法、大跨度混合梁斜拉桥边跨主梁节段预制拼装关键技术、新型索塔锚固结合部技术研究成果分别在石首长江公路大桥、武穴长江公路大桥、青山长江大桥与望江长江大桥得到综合应用,社会效益与经济效益良好。

1.5 项目总体技术性能指标

桥位短线法节段预制、胶拼施工技术将大跨度混合梁斜拉桥边跨主梁施工线形控制在±2mm,且未出现明显的有害裂缝,与国内外同类型桥梁施工方案相比,该方案具有一定的先进性,可为后续类似工程施工提供借鉴。

采用大跨度混合梁斜拉桥 PK 混凝土梁的空间有限元模型可以得到更加直观的计算结果,避免了杆系模型中无法精确模拟结构各部位受力的影响,有效提高了 PK 箱梁空间预应力结构的计算精度。

PK 混凝土梁受空间预应力影响效果明显,结构各部位受力不均,且呈非线性走势,应力状态变化与多种预应力钢束张拉耦合作用有关,该计算结果有助于 PK 箱梁结构设计。

PK 箱梁在自重状态下结构应力较小,但剪力滞效应最大,在提升与滑移阶段的剪力滞效应相对较小,且沿箱梁截面呈非线性走势。在预应力作用相同的情况下,吊点与滑靴位置的改变是影响剪力滞效应的主要因素。

横向预应力越大,剪力滞系数曲线沿横桥向越趋于平缓,当预应力达到一定张拉量时,可以改变结构的正、负剪力滞效应区范围,说明顶板与横隔板预应力钢束提供的压应力对剪力滞效应的影响效果明显。

推荐用于宽箱梁预制施工的配合比组成为(kg/m^3):P·O 52.5 水泥:Ⅰ级粉煤灰:S95 级矿粉:中粗河砂:5~20mm 碎石:水:缓凝型聚羧酸高性能减水剂=348:74:74:731:1120:147:6.2。混凝土拌和物达到的技术指标为:初始坍落度/扩展度为 220mm/540mm,60min 保留值为 210mm/510mm,含气量 1.7%,初凝时间约 18h;达到的力学性能指标:3d、7d、28d 抗压强度分别为 55.6MPa、65.7MPa、72.5MPa;3d、7d、28d 劈裂抗拉强度分别为 3.52MPa、4.49MPa、5.49MPa。另外,45℃蒸汽养护条件下混凝土强度性能发展良好。

抗裂与变形性能指标:7d 绝热温升值为 50.5℃,56d 干缩率<$250×10^{-6}$,56d 徐变度为 $14.2×10^{-6}$/MPa,抗塑性干燥收缩开裂等级达到 L-Ⅵ。

混凝土 28d 快速碳化试验碳化深度<5.0mm(T-Ⅳ等级);56d 电通量<500C(Q-Ⅴ等级),氯离子渗透性很低;经历 300 次冻融循环后相对动弹性模量>60%,质量损失<5%,抗冻等级超过 F300;抗硫酸盐侵蚀等级>KS150。

根据不同施工期配制相应的 C55 混凝土配合比,较大限度地降低了水泥用量,从而降低了混凝土水化热的总量。冬季施工胶材总量为 496kg/m³,矿物掺合料总掺量为 30%(粉煤灰 15%+矿粉 15%),夏季施工胶材总量为 473kg/m³,矿物掺合料总掺量为 35%(粉煤灰 20%+矿粉 15%),后期强度发展快、富余强度高。

在斜拉桥最大双悬臂、最大单悬臂以及合龙阶段,北桥塔最大偏移量为 450mm,最小偏移量为 375mm,位移变化率为 16.7%;南桥塔最大偏移量为 130mm,最小偏移量为 85mm,位移变化率为 34.6%;桥塔最大应力-12MPa,说明三种施工阶段对桥塔位移影响较大,对桥塔受力状态影响较小,可以保障结构施工安全。

施工过程中钢箱梁应力变化范围较小,上翼缘应力变化范围在-65~-90MPa,下翼缘应力变化范围在-63~90MPa,远小于 Q345 允许应力值,说明在三种施工阶段中斜拉索张拉力合理,钢箱梁结构整体受力均匀。

混凝土主梁在自重、斜拉索张力、收缩徐变等影响下,竖向变形根据梁体横向刚度分配而产生,受横向预应力影响,风嘴产生下挠-0.4mm,梁体竖向最大变形为+1.2mm,变形较小,施工阶段可以保障结构安全。钢箱梁横向变形较为平缓,最大位移为-6.86mm,跨中下挠,结构在施工阶段安全可靠。

四维多尺度有限元模型在计算全桥整体受力及变形的同时还可以分析结构局部变形状态,相比传统杆系模型计算方便,精度较高。

技术性指标见表 1-2。

表 1-2 技术性指标

项目技术		缺 点	优 点
新型施工方法	桥位短线法施工工法	均采用现浇工法或支架上节段预制,不利于结构质量和耐久性	将大桥主梁线形质量控制标准提高到±2mm,高于国际同类桥梁建造标准。工厂法制造显著提高了结构质量和耐久性
数值模拟技术	空间预应力结构四维多尺度模拟	桁架模型计算精度不足	解决了桁架模型无法模拟空间预应力结构的问题,并提高了计算精度。精确分析了主梁挂索施工不利工况下的塔、梁、索空间力学行为,为施工过程控制提供理论支撑
施工控制技术	PK 断面箱梁施工阶段防裂控制技术	裂缝 控制等级二(±0.2mm) 控制等级一(±0.1mm)	研发了防裂滑移系统与支点同步控制装置,保障了结构安全施工质量,裂缝控制等级达到一级水平标准,无可见裂缝

续表

项目技术		缺点	优点
结构设计新方法和新结构	索塔锚固结合部连续弹性介质层计算方法；开孔板式钢混结合新结构技术	索塔锚固区局部位置抗裂性差，钢筋用量多	提出了可用于索塔锚固区结合部连接件剪力计算的连续弹性介质层法，形成了钢锚梁式组合索塔锚固结构的设计方法；研发了开孔板式和箱格式壁板两种新型的索塔锚固钢混结合部结构，提高了索塔的抗裂性能
新型施工方法	桥位短线法施工工法	均采用现浇工法或支架上节段预制，不利于结构质量和耐久性	将大桥主梁线形质量控制标准提高到±2mm，高于国际同类桥梁建造标准。工厂法制造显著提高了结构质量和耐久性

1.6 项目创新点和取得的突破

通过对大跨度混合梁斜拉桥的施工关键技术研究以及在石首长江公路大桥建设中的应用总结了以下几方面的创新技术。

1）大跨度混合梁斜拉桥主梁总体施工方案优化设计

首次提出了大跨度混合梁斜拉桥"桥位短线法"节段预制、拼装的成套施工方法，成功应用到石首长江公路大桥，将大桥边跨宽38.5m主梁线形±10mm的控制标准提高到±2mm，高于国内外同类桥梁标准。

2）PK断面混凝土箱梁空间结构数值模拟计算方法

自主研发了一种"基于空间预应力结构的数值模拟计算方法"，提高PK断面混凝土箱梁节段预制、胶拼施工过程的数值模拟计算精度。分析PK断面混凝土箱梁的结构特性，建立混凝土箱梁节段的精细化有限元模型，在考虑结构空间预应力钢筋的配筋形式的基础上，对模型中混凝土与钢筋的本构关系进行相应的研究。

研究箱梁结构的力学性能及破坏机制，分析箱梁节段在施工过程中"剪力滞效应"，并采用"弥散化裂缝模型"确定可能出现的损伤（裂缝）位置，研究PK断面混凝土箱梁施工质量的保障措施，从而达到控制"损伤应力"与"剪力滞效应"的目的，为PK断面混凝土箱梁施工技术方案研究奠定基础。

3）PK断面箱梁混凝土配合比设计与质量控制研究

对C55高性能混凝土进行早期开裂试验、基本性能试验、收缩徐变试验、耐久性试验，并采用SEM对混凝土微观结构进行分析。根据研究结果提出石首长江公路大桥PK断面混凝土箱梁施工防裂控制措施，并将成果直接应用到实际工程中。

研究了混凝土预制温控措施，制定了PK断面混凝土箱梁大体积混凝土温控防裂评价标准，采用数值模拟方法计算分析了混凝土箱梁材料不同龄期的温度应力大小及发展趋势，根据计算结果研究了夏季温控措施，并对现场PK断面混凝土箱梁的温控措施的使用效果进行总结和评价。

4）大跨度混合梁斜拉桥边跨主梁节段预制拼装关键技术

首次研制了PK断面混凝土箱梁组合式移动模板的构造，采用高强度钢模与木模，以及液压、滑移系统配合的方法，解决了PK断面混凝土箱梁线形微调及预制精度问题，同时提高了模板的组拼及拆模效率，具有较高的应用价值和社会经济效益。

自主研发了1100t特种门式液压提升机,以满足大吨位箱梁节段的提升运输能力,且具有监测传感器系统,对各吊点反力进行实时监控和偏载预警,将吊点反力控制在±50t极限范围内,以保障梁体受力均衡,同时降低梁体在提升运输过程中开裂概率。

5) 大跨度混合梁斜拉桥四维多尺度有限元分析方法

采用精细化数值模拟技术,针对钢与混凝土两种材料特点建立一种混合梁斜拉桥非对称施工阶段的四维多尺度有限元模型,考虑混合梁斜拉桥结构及子结构、构件、材料尺度,同时考虑施工阶段的时间维度,弥补传统有限元模拟方法的不足,从而提高混合梁非对称施工过程模拟计算的精度。

通过四维多尺度模型,对非对称混合梁斜拉桥单侧大悬臂阶段的受力状态进行计算,对索力、应力、位移等力学指标进行分析,研究了主梁、索塔以及钢混结合段的受力特征,从而得到非对称施工阶段中的未成桥状态下的力学行为及结构应力状态的变化趋势,为混合梁斜拉桥中跨、边跨主梁非对称施工控制技术方案提供设计依据。

6) 索塔锚固结合部技术研究

首次提出了可用于结合部连接件剪力计算的连续弹性介质层法,形成了钢锚梁式组合索塔锚固结构的设计方法。针对桥塔锚固区抗裂性能研究,建立了可用于混凝土塔壁抗裂验算和配筋设计的拉压杆理论模型。通过索塔锚固结构形式的比较分析和模型试验,提出开孔板式和箱格式壁板两种新型的索塔锚固区钢混结合部构造形式,揭示了其受力机制和承载性能。

根据目前已形成的科研成果来看,该项目发展和提高的主要方向:超大双边混凝土箱梁节段预制标准化方案优化、塔梁同步施工关键技术研究等方面。

1.7 项目研究成果的推广应用条件和应用前景

混合梁斜拉桥是指斜拉桥的主梁沿梁的长度方向由两种不同材料组成,主跨的梁体为钢梁,边跨(或伸入主跨一部分)的梁体为混凝土梁。混合梁斜拉桥由于主跨采用钢梁,所以具有跨越能力大的优点,而边跨采用混凝土梁从而起到了很好的锚固作用且可降低建桥成本。

大跨度混合梁斜拉桥大多采用支架上整体现浇形式进行边跨混凝土梁施工,该施工方法成本相对较低,但混凝土梁质量控制难度较大。采用支架现浇工艺的大跨度混凝土梁会因支架不均匀沉降、水化效应、收缩徐变等影响产生多种形式的裂缝,极大地影响结构外观和质量。

石首长江公路大桥主桥为双塔单侧混合梁斜拉桥,主桥桥跨布置为(75+75+75)m+820m+(300+100)m;其边跨采用混凝土箱梁结构,最大节段质量达1117t。为保证边跨PK混凝土箱梁的施工质量,该桥首次采用大吨位预应力混凝土PK箱梁"桥位短线法标准化预制胶拼"施工工艺及大断面PK箱梁吊装与滑移自动控制技术,该技术成功地解决了大体积混凝土箱梁局部大面积开裂、运输易损坏等问题,从而达到了提高结构安全性及可靠性、降低维修及养护成本的目的,整体桥梁的使用性能得到提升。

因此,本项目研究成果符合我国经济发展和现代化交通需求,符合国家安全、节能减排的方针政策,具有良好的市场前景和显著的社会、经济效益。

1.8 存在问题及工作设想

石首长江公路大桥具有风大、地质条件差、受长江汛期影响等施工特点。其主塔基础及边跨混凝土箱梁施工难度和技术要求极高。通过一系列研究,虽然已经取得可喜的成果,但是仍然有优化改进空间。

(1) PK箱梁结构改造及优化。目前的PK混凝土箱梁结构在施工过程中需要特殊措施保障其结构质量,提高抗裂性能。然而,合理的构造可以在施工中避免大量的成本投入,因此研究PK箱梁并对结构形式进行优化改进是今后的研究方向。

(2) 钢板混凝土PK箱梁结构形式。为提高结构的耐久性、结构强度、刚度和施工速度,钢模板与混凝土组合的永久结构在未来可能会更具发展空间,这种组合结构形式需要系统的研究和验证。

第2章

空间结构数值模拟计算方法

2.1 概述

在研究PK断面混凝土箱梁结构的过程中,大多数学者认为该结构是一种普通的箱梁结构,通过简化的理论分析可以得到相对准确的应力计算结果。但是,由于PK断面混凝土箱梁具有断面大、体积大、质量大等特点,通常会采用"空间预应力结构"设计,用以提高结构的抗弯、抗剪与抗扭的预应力储备。PK断面混凝土箱梁结构预应力设计较为复杂,采用传统的杆系有限元模型无法准确地分析结构在施工和运营中的受力行为。由于PK断面混凝土箱梁结构在施工及使用过程中存在剪力滞效应,传统的结构设计计算方法(理论计算公式)与数值模拟方法(经典的杆系模型)很难考虑"空间预应力的耦合效应"对结果的影响,计算精度已经无法满足结构的设计需要。所以,需要一种精细化有限元模拟方法,既可以直观地反映结构的力学性能,又可以根据材料强度判断其薄弱位置(裂缝数据采集),力争对PK断面混凝土箱梁的施工过程进行完整的模拟分析,从而保障结构的质量及耐久性。

本研究以大跨度混合梁斜拉桥边跨主梁为研究对象,对PK断面混凝土箱梁空间预应力结构数值模拟方法进行研究,采用数值模拟计算和现场实测的方法对结果进行验证,从而得到施工过程中PK箱梁的结构受力状态,直观地反映其力学性能,为PK断面混凝土箱梁结构在施工过程中防裂控制技术的研究奠定理论基础。

2.2 PK断面混凝土箱梁结构

2.2.1 PK断面混凝土箱梁的结构特点

现代桥梁的服役中,PK断面混凝土箱梁在大跨度混合梁斜拉桥的建造中得到广泛应用。PK断面混凝土箱梁具有横向断面大、吨位大的特点,主要由顶板、底板、腹板、横隔板、风嘴及剪力键等结构组成。该结构设置两个箱室,中间设置横隔板将两箱室连接形成扁平箱梁结构,且具有抗风性能好、桥面宽度大的优点。PK断面混凝土箱梁结构通长设置空间预应力,主要由顶板束、底板束、腹板束、横隔板通长束及纵向预应力束为箱梁结构提供预应力储备,以提高梁体的抗裂性能。PK断面混凝土箱梁结构如图2-1所示。

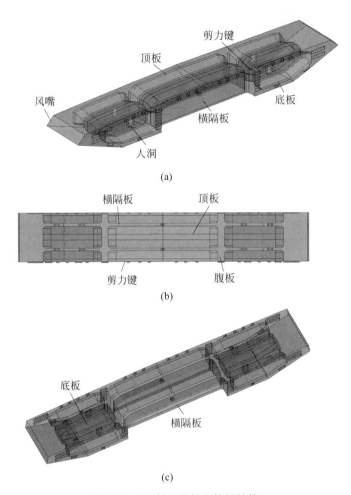

图 2-1 PK 断面混凝土箱梁结构
(a) 箱梁结构三维透视；(b) 箱梁结构顶面；(c) 箱梁结构底面

2.2.2 预应力钢束类型

传统的梁式预应力结构主要由通长的弯曲预应力钢束提供抗拉强度储备，而单箱单室箱梁结构一般设置双层预应力，如顶板与底板各设置若干预应力钢束，用来抵抗荷载作用所产生的拉应力。但是，PK 断面混凝土箱梁的出现将"空间预应力"的定义更加明确，其特点在于预应力钢束的布置位置与常规"箱梁"存在差异，即顶板、底板沿 y 轴布置横向水平预应力钢束，腹板沿 z 轴布置垂直于 y 轴水平钢束的竖向预应力钢束，在横隔板内布置若干个沿 (y,z) 轴的平直＋竖曲预应力钢束。这使得 PK 断面混凝土箱梁成为具有平弯曲线、竖弯曲线、圆弧以及抛物线等多种预应力形式的复杂结构，如图 2-2 所示。

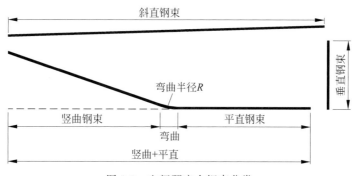

图 2-2 空间预应力钢束分类

2.3 PK 断面混凝土箱梁空间结构建模方法

2.3.1 有限元模型单元选择

PK 箱梁模型采用 MIDAS FEA 精细化有限元软件建立,模型规则截面结构部位主要采用一次函数单元,由八节点六面体、六节点五面体以及四节点四面体平面应力单元组成。几何不规则的异形结构位置采用二十节点六面体、十五节点五面体以及十节点四面体二次函数单元,以提高 PK 断面混凝土箱梁模型的计算精度。3D 有限元微模型如图 2-3 所示。

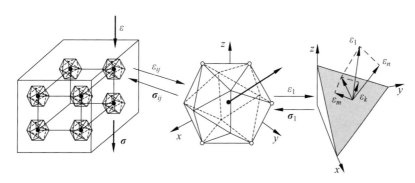

图 2-3 3D 有限元微模型

模型单元形状划分主要根据 PK 断面混凝土箱梁结构几何特性的情况而定,为更好地捕捉混凝土的应力、应变及裂缝位置,模型单元划分选择的具体原则如下:

(1) 几何规则结构位置选用四节点四面体、六节点五面体以及八节点六面体平面应力单元(图 2-4(a)、(c)、(e)),如顶板、底板等结构位置。

(2) 几何不规则异形结构位置选用十节点四面体、十五节点五面体以及二十节点六面体单元二次函数单元(图 2-4(b)、(d)、(f)),如横隔板、风嘴等结构位置。

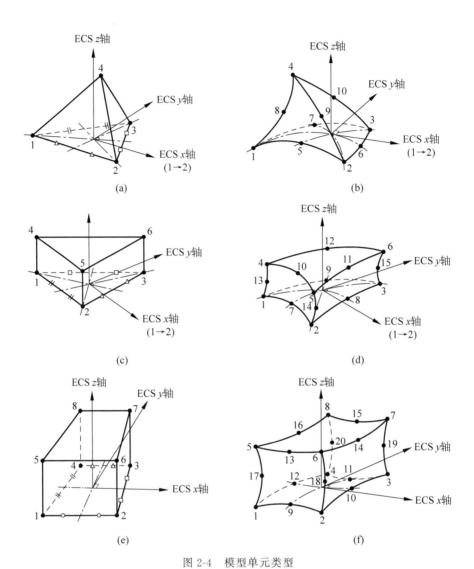

图 2-4 模型单元类型

(a) 四节点四面体单元;(b) 十节点四面体单元;(c) 六节点五面体单元;
(d) 十五节点五面体单元;(e) 八节点六面体单元;(f) 二十节点六面体单元

注:图中数字为单元节点编号。

2.3.2 非线性材料本构模型

在分析 PK 断面混凝土箱梁时,考虑其在多种荷载耦合作用下产生开裂的可能性,故混凝土结构的非线性本构模型采用"总应变裂缝模型",其中受压模型采用 Thorenfeldt 硬化模型(图 2-5),受拉状态则采用 Hordijk 软化模型(图 2-6)。

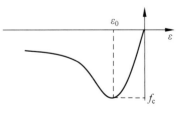

图 2-5 混凝土受压应力-应变 Thorenfeldt 曲线

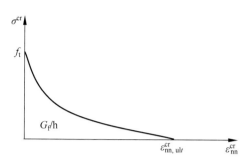

图 2-6 混凝土受拉应力-应变 Hordijk 曲线

(1) 混凝土受压应力-应变采用的 Thorenfeldt 曲线方程可表示为：

$$\sigma = -f_c \frac{\varepsilon}{\varepsilon_0} \left[\frac{n}{n-1+\left[\frac{\varepsilon}{\varepsilon_0}\right]^{nk}} \right] \quad (2\text{-}1)$$

$$n = 0.8 + \frac{f_c}{17} \quad (2\text{-}2)$$

$$k = \begin{cases} 1 & (\varepsilon_0 < \varepsilon < 0) \\ 0.67 + \dfrac{f_{cu}}{62} & (\varepsilon \leqslant \varepsilon_0) \end{cases} \quad (2\text{-}3)$$

式中：σ——混凝土受压应力，N/mm^2；

f_c——混凝土抗压设计强度，MPa；

ε——应变量；

ε_0——混凝土受压产生的应变；

f_{cu}——混凝土标准试块 28d 抗压强度，MPa。

(2) 混凝土受拉应力-应变采用的 Hordijk 曲线方程可表示为：

$$\frac{\sigma_{nn}^{cr}(\varepsilon_{nn}^{cr})}{f_t} = \begin{cases} \left[1 + \left(c_1 \dfrac{\varepsilon_{nn}^{cr}}{\varepsilon_{nn,ult}^{cr}}\right)^3\right] \exp\left(-c_2 \dfrac{\varepsilon_{nn}^{cr}}{\varepsilon_{nn,ult}^{cr}}\right) & \\ -\dfrac{\varepsilon_{nn}^{cr}}{\varepsilon_{nn,ult}^{cr}}(1+c_1^3)\exp(-c_2) & (0 < \varepsilon_{nn}^{cr} < \varepsilon_{nn,ult}^{cr}) \\ 0 & (\varepsilon_{nn,ult}^{cr} < \varepsilon_{nn}^{cr} < 0) \end{cases} \quad (2\text{-}4)$$

式中：σ_{nn}^{cr}——混凝土开裂应力，N/mm^2；

ε_{nn}^{cr}——混凝土开裂应变；

c_1，c_2——影响混凝土开裂的相关系数。

2.3.3 混凝土裂缝模型

MIDAS FEA 精细化有限元软件计算分析裂缝主要有两种：一种为固定裂缝模型（fixed crack model），该模型裂缝方向保持不变，始终朝一个方向发展；另一种为转动裂缝模型（rotating crack model），该裂缝方向始终与主拉应变方向保持垂直，裂缝随主拉应变的变化而变化，表示的裂缝发展方向更为精确。裂缝模型如图 2-7 所示。

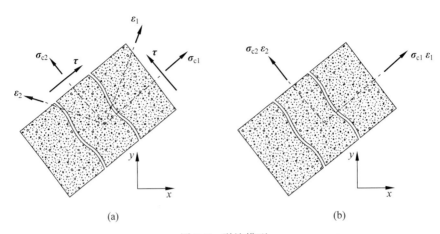

图 2-7 裂缝模型
（a）固定裂缝模型；（b）转动裂缝模型

2.4 空间预应力建模方法

经结构几何分析，空间预应力结构实际上可视为由多个形状结构组合而成，主要包括矩形、三角形及不规则形状的综合体。通过对 PK 断面混凝土箱梁结构进行模块划分，分别建立结构几何模块后进行布尔运算，最终形成结构几何模型。预应力钢束可视为一条柱面贯穿线，分别以斜直、垂直与竖弯曲线为主，通过建立多点确定预应力孔道位置，利用点对点确定进行路径拉伸可形成斜直和垂直钢束。竖弯曲线采用平直、弯曲与竖曲合并而成。预应力钢束单元穿过法平面与切平面平行形成空曲线，空间预应力钢束位置关系如图 2-8 所示。

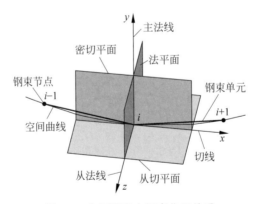

图 2-8 空间预应力钢束位置关系

在精细化有限元分析中，预应力钢束一般采用只有 3 个平动自由度的杆单元划分，混凝土主梁采用实体单元模拟。为实现两者之间的节点一一对应，建立钢束模型后进行节点自动划分，同时赋予预应力钢束截面和材料属性以及回缩量参数等。预应力钢束划分节点后与混凝土模型节点相耦合，并形成虚拟孔道。通过定义孔道摩擦系数模拟预应力钢束在混凝土结构中的损耗，曲线预应力损耗计算方法可用以下公式表示：

$$\sigma_s = \sigma_{con}[1 - e^{-(\mu\theta + kl)}] \quad (2-5)$$

式中：σ_{con}——锚点张拉控制应力，N/mm^2；

μ——钢束与孔道壁之间的摩擦系数；

k——孔道偏差系数；

l——计算位置处的累计曲线长度，mm；

θ——空间曲线在计算位置处的累计包角，(°)。

虚拟孔道的轴线是一条与预应力钢束完全重合的空间曲线，可以设置成共节点连接或其他方式连接。如图 2-9 所示，在钢束起点处建立孔道剖面，并沿预应力钢束的轴线扫掠或拖拽形成虚拟孔道实体，通过布尔运算，使孔道与主梁连成一体。

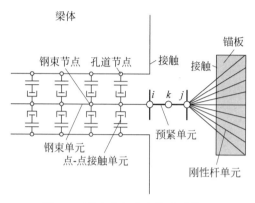

图 2-9　预应力钢束虚拟孔道模型

2.5　计算实例

2.5.1　主桥总体布置

石首长江公路大桥主桥为 820m 跨度的双塔非对称混合梁斜拉桥，桥跨布置为 (75+75+75)m+820m+(300+100)m(图 1-3)。大桥中跨和南边跨主梁采用 PK 断面钢梁结构，长 1193.5m(图 1-4)；北边跨主梁采用 PK 断面预应力混凝土箱梁结构，长 251.5m；钢-混结合段设于主跨距北塔中心线 26.5m 处，长 5.2m。桥塔采用倒 Y 形空心单箱室混凝土结构，总高 232m，塔柱在高程 +60.525m 处设置横梁。

2.5.2　主梁断面形式

南边跨和中跨主梁采用质量轻、抗风性能好、造型美观的扁平钢 PK 断面钢梁，南边跨主梁采用与主跨钢箱梁外形统一的 PK 预应力混凝土箱梁。标准梁段高 3.822m，宽 38.5m，顶板厚 35cm，底板厚 40cm，斜底板厚 35cm，内腹板厚 55cm，北边跨主梁标准断面如图 1-5 所示。

2.5.3　预应力钢束

PK 断面混凝土箱梁为空间预应力结构，即梁体除设置纵向预应力钢束外，还设有横向预应力和腹板竖向预应力；纵向预应力钢束采用 $\phi 15.2$mm 高强度低松弛钢绞线，顶板、底板、腹板节段接长防裂束采用 $\phi 15 \times 4$，其余顶板束采用 $\phi 15 \times 9$，底板束采用 $\phi 15 \times 6$，腹板束采用 $\phi 32$(钢棒)，横隔板束采用 $\phi 15 \times 22$，锚下张拉控制应力 $\sigma = 1395$MPa，均采用常规锚具。截面参数与钢筋布置形式如图 2-10 所示。

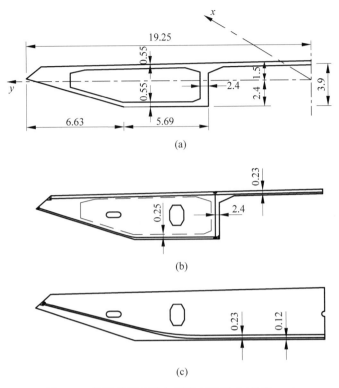

图 2-10　箱梁截面参数与钢筋布置形式(单位：m)

(a)箱梁 1/2 截面参数；(b)顶板、底板及腹板预应力钢筋布置；(c)横隔板预应力钢筋布置

2.6　有限元模型

2.6.1　PK 断面混凝土箱梁结构模型

PK 断面混凝土箱梁的空间有限元模型采用 MIDAS FEA 精细化有限元软件建立而成，本算例模型采用德劳内化网格划分(三角形＋矩形)组合式网格。几何规则结构位置网格划分采用三角形与矩形网格，几何不规则结构位置采用多边形多点加密网格。模型共采用 10 113 节点、31 875 实体单元、200 个杆系单元进行模拟。模型假设梁体混凝土材料各向均质同性、密实，PK 断面混凝土箱梁几何模型如图 2-11 所示，其有限元模型如图 2-12 所示。

图 2-11　PK 断面混凝土箱梁几何模型

(a)顶面；(b)底面

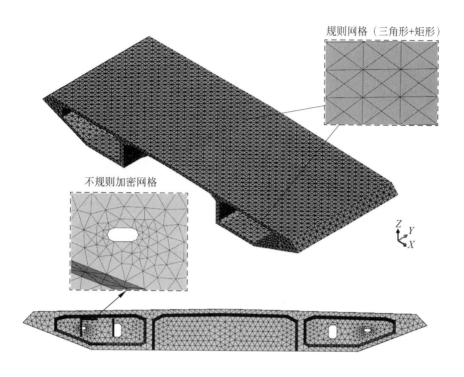

图 2-12 PK 断面混凝土箱梁有限元模型

2.6.2 预应力钢束模型

预应力钢束采用 3D B 样线条进行模拟,钢束与混凝土结构通过程序进行自动耦合。每个预应力钢束上划分为多个节段,节点用于形成虚拟孔道,为预应力钢束受力方向进行引导。其中,顶板预应力钢束划分为 40 个节点,底板预应力钢束划分为 15 个节点,腹板预应力钢束划分为 10 个节点,横隔板预应力钢束划分为 45 个节点,以保障预应力在模型中的计算精度。预应力钢束截面与模型参数如表 2-1 所示,模型如图 2-13 所示。

表 2-1 预应力钢束截面与模型参数

结构位置	顶板预应力钢束	底板预应力钢束	腹板预应力钢束	横隔板预应力钢束
类型	$\phi 15 \times 9$	$\phi 15 \times 6$	$\phi 32$(钢棒)	$\phi 15 \times 22$
近似面积/mm²	1485	990	803.84	3445.96
截面形式				

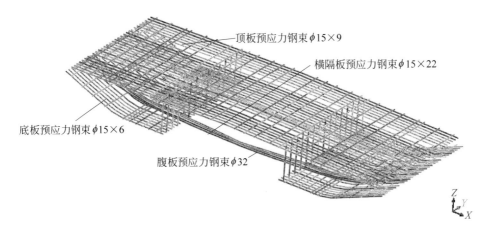

图 2-13　空间预应力钢束模型

2.6.3　材料参数

箱梁结构采用 C55 混凝土,根据《混凝土结构设计规范》(2015 年版)(GB 50010—2010),弹性模量选取 $E=3.45\times10^4$ MPa,泊松比选取 $\gamma=0.2$,混凝土材料性能参数如表 2-2 所示。

表 2-2　混凝土材料性能参数

混凝土强度等级	C55	轴心抗压强度设计值/MPa	25.3
弹性模量 E/MPa	3.45×10^4	抗拉强度设计值/MPa	1.96
剪切模量 G/MPa	1.44×10^4	轴心抗压强度标准值/MPa	35.5
泊松比 γ	0.2	抗拉强度标准值/MPa	2.74

箱梁结构顶板、横隔板、底板横向预应力钢束全部采用高强度低松弛钢绞线,公称直径为 15.2mm,标准抗拉强度 $f_{pk}=1860$ MPa,张拉控制应力为 $0.75f_{pk}$,弹性模量 $E_s=1.95\times10^5$ MPa。腹板预应力钢束采用高强度低松弛钢绞线,公称直径为 32mm,标准抗拉强度 $f_{pk}=830$ MPa,张拉控制应力为 $0.9f_{pk}$,弹性模量 $E_s=2.0\times10^5$ MPa。横向、腹板预应力钢束材料性能参数分别如表 2-3、表 2-4 所示。

表 2-3　横向预应力钢束材料性能参数

弹性模量 E_s/MPa	1.95×10^5
泊松比 γ	0.3
标准抗拉强度/MPa	1860
张拉控制应力/MPa	1395
松弛系数	≤0.3

表 2-4　腹板预应力钢束材料性能参数

弹性模量 E_s/MPa	2.0×10^5
泊松比 γ	0.3
标准抗拉强度/MPa	830
张拉控制应力/MPa	747
松弛系数	—

2.6.4　计算假定

北边跨施工采用分段分节(跳仓)支墩支架现浇工艺施工工艺,计算考虑 PK 断面混凝土箱梁标准节段一次性浇筑 15m,在混凝土弹性模量满足要求时进行顶板、底板、腹板及横

隔板预应力钢束的张拉,具体模拟施工工况如下:

工况一:浇筑混凝土后待弹性模量增长至$75\%E_s$。

工况二:混凝土弹性模量为$75\%E_s$,张拉顶板、底板50%横向预应力钢束,锚下控制应力697.5MPa;张拉腹板50%预应力,395.0MPa。

工况三:混凝土弹性模量达到$90\%E_s$时,张拉顶板、底板剩余50%的横向预应力钢束,锚下控制应力1385MPa;张拉腹板剩余50%预应力钢束,锚下控制应力790.0MPa。

工况四:张拉全部横向预应力,1395MPa。

2.6.5 边界条件

(1)根据施工方案描述,采用混凝土现浇施工工艺,拆模后PK箱梁与底模相互接触,此时考虑对箱梁张拉时会产生横向滑动,且存在相应的摩擦阻力。计算假定钢模板与混凝土为光滑平面,并涂抹脱模剂,混凝土与钢模板的最小摩擦系数为0.15~0.25,摩擦阻力可以表示为摩擦系数与重力的乘积,本书考虑混凝土与钢模板的黏结力,摩擦系数选为0.20。

(2)考虑横隔板预应力张拉时,箱梁发生起拱,底板支点处未能完全与底模接触,在箱梁底部将边界分别设置为固定支撑与活动支撑(接触),并根据摩擦力设置摩擦阻尼,以模拟PK断面混凝土箱梁预应力钢束实际张拉效果与摩擦效果。其中,A点为固定支撑位置,B点为活动支撑位置,C点与D点为PK箱梁横向摩擦阻尼位置,有限元模型边界条件示意如图2-14所示。

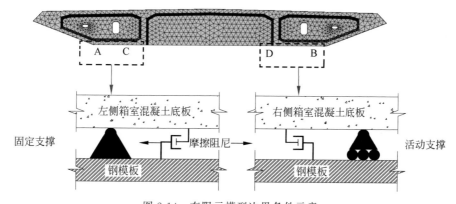

图2-14 有限元模型边界条件示意

2.7 计算结果分析

计算考虑理想状态下预应力张拉,未考虑普通钢筋对结构刚度的变化影响。MIDAS FEA应力符号规定,"+"为拉应力,"−"为压应力。根据工况一进行模拟计算,当混凝土浇筑完成后,弹性模量达到$E=75\%E_s$时,工况一箱梁受自重影响时的结构应力状态如图2-15所示。

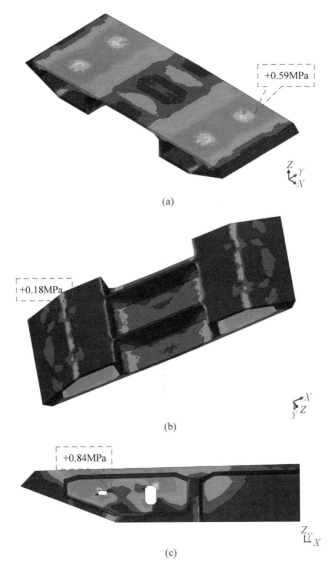

图 2-15 工况一作用结构第一主应力状态
(a) 箱梁顶板应力状态；(b) 箱梁底板应力状态；(c) 箱梁横隔板应力状态

根据工况二进行模拟计算，混凝土弹性模量为 $75\% E_s$，张拉顶板、底板 50% 横向预应力钢束，锚下控制应力 697.5MPa；张拉腹板 50% 预应力钢束，锚下控制应力 395.0MPa；工况二作用结构第一主应力状态如图 2-16 所示。

根据工况三进行模拟计算，混凝土弹性模量达到 $90\% E_s$ 时，张拉顶板、底板剩余 50% 的横向预应力钢束，锚下控制应力 1385MPa；张拉腹板剩余 50% 预应力钢束，锚下控制应力 790MPa；工况三作用结构第一主应力状态如图 2-17 所示。

根据工况四进行模拟计算，张拉全部横向预应力钢束，锚下控制应力 1395MPa，工况四作用结构第一主应力状态如图 2-18 所示。

第2章 空间结构数值模拟计算方法 | 23

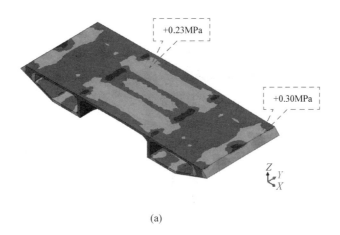

(a)

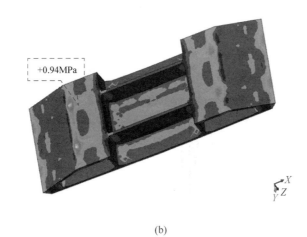

(b)

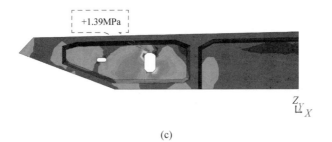

(c)

图 2-16 工况二作用结构第一主应力状态
(a) 箱梁顶板应力状态；(b) 箱梁底板应力状态；(c) 箱梁横隔板应力状态

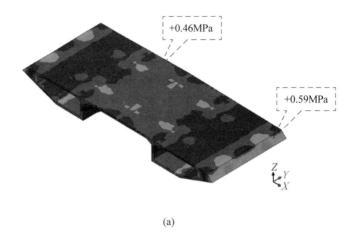

(a)

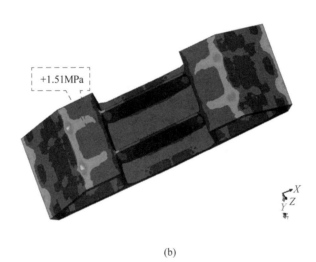

(b)

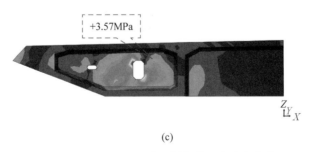

(c)

图 2-17 工况三作用结构第一主应力状态
（a）箱梁顶板应力状态；（b）箱梁底板应力状态；（c）箱梁横隔板应力状态

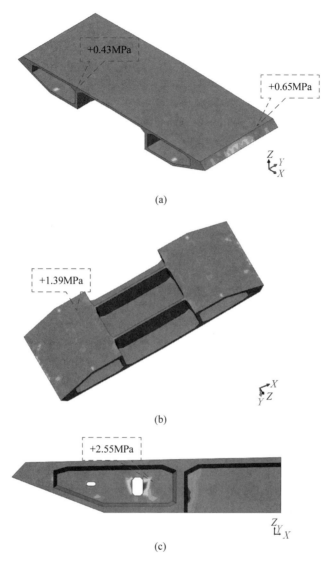

图 2-18 工况四作用结构第一主应力状态
(a) 箱梁顶板应力状态；(b) 箱梁底板应力状态；(c) 箱梁横隔板应力状态

2.8 空间预应力影响效果分析

2.8.1 对比区域选择

为了解空间预应力对结构作用的效果,证明 PK 断面混凝土箱梁空间结构数值模拟计算方法的有效性,选取 PK 箱梁结构应力突变的典型位置作为参照点,从而对比空间预应力作用下各结构部位的影响效果。根据结构对称原则选取结构对比区域(图 2-19),具体方案如下。

(1) A、B、C 点位置作为顶板结构的应力突变区域,对比顶板预应力钢束张拉对结构应力状态的影响效果,其中 A 点代表边箱顶面,B 点代表箱梁截面中心点顶面,C 点代表预应力锚固影响区域。

（2）D、E点位置作为底板结构的应力突变区域，对比底板预应力钢束张拉对结构应力状态的影响效果，其中D点代表底板底面，E点代表斜底板底面。

（3）选取F、G、H点位置作为结构横隔板不同工况作用下预应力张拉效果，对比人洞、通气孔区域的应力状态效果，以及梁体整体变形效果。

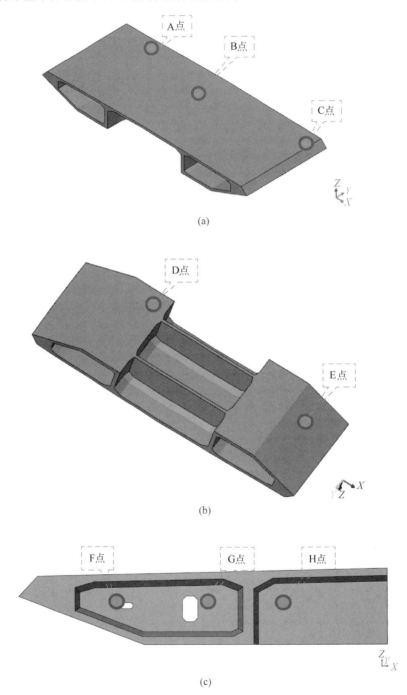

图2-19 模型结构典型应力突变区域位置图

2.8.2 结构应力状态分析

(1) 模型顶板典型应力突变区域点位置设置如图 2-20 所示。

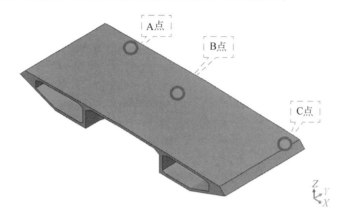

图 2-20 模型顶板典型应力突变区域点位置图

预应力多用结构局部位置 A、B、C 点区域的应力状态,对比结果如图 2-21 所示。

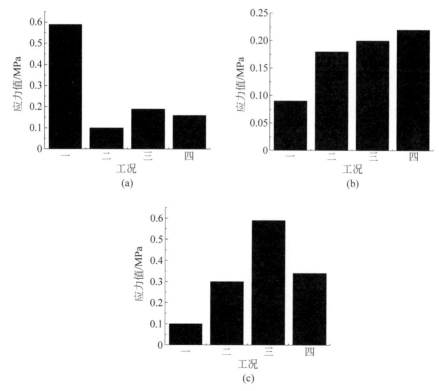

图 2-21 顶板应力值对比柱状图
(a) A 点；(b) B 点；(c) C 点

PK 断面混凝土箱梁在混凝土达到 75% 弹性模量时,混凝土顶板受自重(工况一)影响最大应力达到 0.59MPa,工况二作用时(顶板预应力张拉),A 点区域(箱室顶面)混凝土应力值降至 0.10MPa,降低应力约 83%;工况三与工况四预应力张拉后应力分别为 0.19MPa 与 0.16MPa,结构顶面应力状态发展平缓(图 2-21(a))。B 点区域(中心顶面)随着预应力作用,结构应力值逐渐增加,基本呈线性变化(图 2-21(b))。C 点区域(锚固影响区)在自重影响作用下应力值为 0.10MPa,随着工况二与工况三的作用,顶板锚固影响区应力值逐渐增大,到工况三为峰值,在工况四(张拉横隔板预应力钢束)时顶板预应力锚固影响区应力下降至 0.34MPa(图 2-21(c))。

(2)模型底板典型应力突变区域点位置设置如图 2-22 所示。

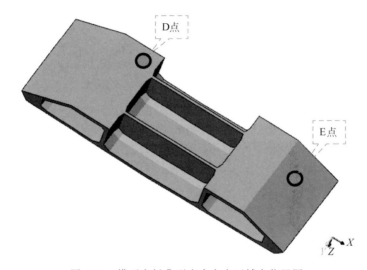

图 2-22 模型底板典型应力突变区域点位置图

预应力作用对结构局部位置 D、E 点区域的应力状态,对比结果如图 2-23 所示。

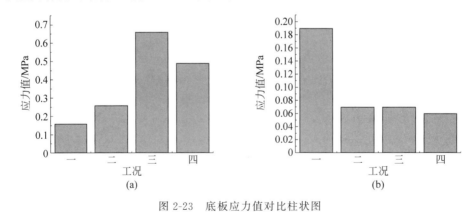

图 2-23 底板应力值对比柱状图
(a) D 点;(b) E 点

PK 断面混凝土箱梁 D 点区域(底板底面)在工况一(自重)作用下应力值为 0.16MPa;工况二作用时该区域应力值有所上升;工况三作用时达到峰值 0.66MPa,预应力张拉致使空箱底板应力值增长约 76%;在工况四(张拉横向预应力)作用后应力有所改观,降至

0.49MPa(图 2-23(a))。E 点区域在工况一(自重)作用下应力值为 0.19MPa,工况二、三、四作用后应力有所下降,保持平缓,此处受力较小(图 2-23(b))。

(3) 模型横隔板典型应力突变区域点位置设置如图 2-24 所示。预应力作用对比结果如图 2-25 所示。

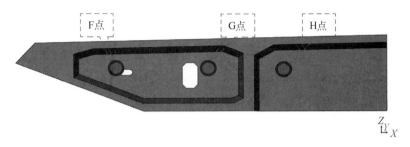

图 2-24　模型横隔板典型应力突变区域点位置图

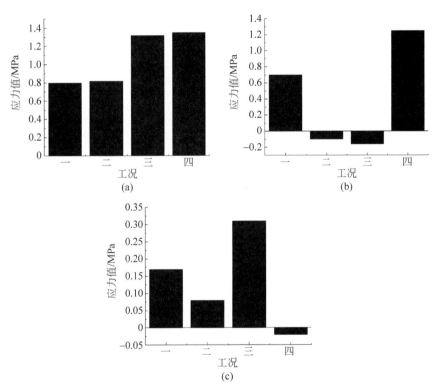

图 2-25　横隔板应力值对比柱状图
(a) F 点;(b) G 点;(c) H 点

PK 断面混凝土箱梁 F 点区域(通气孔)在工况一作用下,该区域应力值为 0.8MPa;工况二作用时未发生应力变化;在工况三与工况四作用时应力突变为 1.32～1.35MPa(图 2-25(a))。G 点区域(人洞)在工况一(自重)作用下产生 0.7MPa 应力值;在工况二、三作用下应力值降低为 −0.10MPa 与 −0.16MPa;在工况四(张拉横隔板预应力)时此处应力值增至 1.25MPa(图 2-25(b))。H 点区域(横隔板)在工况三作用时应力最大为 0.31MPa;当工况四作用时应力为 −0.02MPa,降低约 93%(图 2-25(c))。

2.8.3 结构变形状态分析

通过结构精细化有限元分析程序 MIDAS FEA 计算结果得到 PK 箱梁在 4 种工况下的结构变形状态,其中工况一、二、三为微变形状态,工况四为梁体节段整体变形状态,选取结构顶板作为典型变形区域,各工况结果对比如图 2-26 所示。

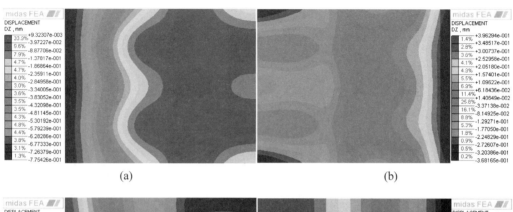

彩图 2-26

图 2-26 1/2PK 箱梁结构顶面镜像位移云图
(a) 工况一;(b) 工况二;(c) 工况三;(d) 工况四

根据计算结果得知,工况一作用下由自重引起的结构顶板竖向位移在风嘴处-0.7mm;工况二与工况三作用结构顶板产生微小变形,在此不做讨论。当工况四张拉横隔板预应力钢束时,结构产生了整体变形,风嘴处竖向位移达到-14.7mm,跨中竖向位移为 14.5mm,风嘴与跨中位移近似协同发展,位移方向相反。对结构位移状态起决定性因素的预应力在横隔板处,工况一与工况四作用下的对比位移云图如图 2-27 所示。

彩图 2-27

(a)

图 2-27 PK 箱梁结构对比位移云图
(a) 工况一;(b) 工况四

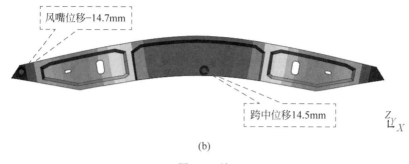

(b)

图 2-27(续)

2.9 实测结果对比

采用应变信息采集装置对 PK 箱梁节段各个工况产生的应力值进行现场实测,传感器的布置位置选取较为敏感结构部位,箱梁结构底板与斜底板位置受钢模板影响无法安装应变片,故应力状态实测位置选取结构顶板 A、B 点,横隔板 G、H 点,实测与模拟结果对比如表 2-5、图 2-28、图 2-29 所示。

表 2-5　实测与模拟结果对比　　　　　　　　　　　　　　　MPa

测点	工况一		工况二		工况三		工况四	
	模拟值	实测值	模拟值	实测值	模拟值	实测值	模拟值	实测值
A	+0.59	—	+0.10	+0.09	+0.19	+0.17	+0.16	+0.14
B	+0.09	—	+0.18	+0.16	+0.20	+0.18	+0.22	+0.20
G	+0.70	—	−0.10	−0.08	−0.16	−0.15	+1.25	+1.22
H	+0.17	—	+0.08	+0.07	+0.31	+0.31	−0.02	−0.01

注:工况一(自重)无实测数据,故在此不做讨论。

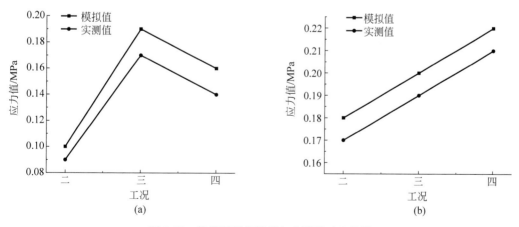

图 2-28　箱梁顶板模拟值与实测值对比曲线
(a) A 点;(b) B 点

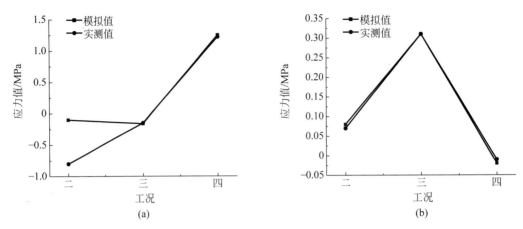

图 2-29 箱梁横隔板模拟值与实测值对比曲线
(a) G 点；(b) H 点

实测值与模拟值对比发现，该箱梁 A 点的模拟值与现场实测结果最大误差为 10%，B 点误差为 11%，G、H 点现场实测值与模拟值基本吻合。模拟值与实测值产生误差的主要原因与结构受光照和大气温度有关，但该对比结果基本验证了数值模拟方法的准确性。

2.10 结论

通过对 PK 断面混凝土箱梁空间结构数值模拟计算方法的研究，得到以下结论：

(1) 建立了大跨度混合梁斜拉桥 PK 断面混凝土箱梁的空间有限元模型，可以得到更加直观的计算结果，避免了杆系模型中无法精确模拟结构各部位受力的影响，有效提高了 PK 断面混凝土箱梁空间预应力结构的计算精度。

(2) PK 断面混凝土箱梁受空间预应力影响效果显著，结构各部位受力不均，且呈非线性走势，应力状态变化与多种预应力钢束张拉耦合作用有关，该计算结果有助于 PK 断面混凝土箱梁结构设计。

(3) PK 断面混凝土箱梁在施工阶段横隔板人洞区域受力变化较大，最大达到 3.5MPa，存在开裂风险，施工过程中应注意该区域，并采取必要的措施保障结构安全，尽量避免预应力张拉引起开裂。

(4) PK 断面混凝土箱梁由几何特性与预应力引起的剪力滞效应较为显著，箱梁在施工与服役过程中结构可能会产生不均匀变化，对结构安全及耐久性具有一定的影响。

(5) 本书中提出的建模方法未考虑温度及时变效应的影响，该问题将在后续工作中做进一步研究。

第3章

PK断面混凝土箱梁施工阶段结构力学性能及破坏机制分析

3.1 概述

大跨度混合梁斜拉桥在施工时为减小大体积混凝土的水化效应影响，提高PK断面混凝土箱梁结构预制精度，通常采用两种方法施工：一种为"跳仓法"施工，另一种为"短线法"节段预制、胶拼施工。"跳仓法"是根据箱梁长度进行节段划分，然后进行隔段浇筑，以避免一次性浇筑箱梁导致混凝土体积过大而增大水化效应及收缩、徐变带来的不利影响。"短线法"节段预制、胶拼是将混凝土梁划分为多个节段进行预制，然后利用预应力钢束、剪力键和高强度混凝土粘胶组拼箱梁。该方法虽然可以减小大体积混凝土水化作用，有效降低顺桥向收缩、徐变的影响，但在预制和拼装过程中会发生受力体系变化，导致应力重新分布，而且结构各部位会出现"剪力滞效应"，严重情况则会发生破坏。

徐华等对斜拉桥成桥状态下PK断面混凝土箱梁剪力滞效应进行了分析。结果表明，在恒载和活载作用下位于索塔的箱梁顺桥向剪力滞效应较大。徐重财等分析了斜拉桥PK断面混凝土箱梁结合段的剪力滞效应，论述了钢混结合段剪力滞效应的分布规律。谢芬等采用数值模拟方法研究了斜拉桥悬臂施工阶段PK断面混凝土箱梁的剪力滞效应，计算结果显示，在斜拉索挂设时腹板剪力滞效应最为明显。乔鹏等对PK断面混凝土箱梁结构设计参数的取值范围进行了研究，应用回归分析法提出PK钢箱梁剪力滞的实用计算公式。李飞等对服役中的斜拉桥PK断面混凝土箱梁剪力滞效应进行了研究，阐述了该梁型的病害很可能是由设计与施工工艺存在缺陷引起的，并提出了加固、改造的思想。

目前，国内外对PK断面混凝土箱梁的研究主要针对结构设计层面，施工阶段结构的力学性能与破坏机制未见文献报道。基于这种情况，为系统地研究PK断面混凝土箱梁结构在"短线法"节段、预制胶拼施工中的受力变化规律和破坏机制，本章针对石首长江公路大桥桥位"短线法"节段预制、胶拼施工过程进行研究，研究结果可对大跨度混合梁斜拉桥边跨PK断面箱梁施工提供参考。

为研究PK断面混凝土箱梁的剪力滞效应对结构的影响，本书以大跨度混合梁斜拉桥边跨主梁施工为研究对象，对PK断面混凝土箱梁的受力体系转换引起的应力重分布进行分析，集中对剪力滞的变化趋势展开研究，在此基础上采用空间有限元模型和现场实测的方法对结果进行验证，从而得到短线法施工过程中PK断面混凝土箱梁的结构受力状态，直观地反映其力学性能。

3.2 剪力滞效应的简化计算方法

混凝土箱梁短线法施工阶段考虑自重的情况下可视为简支梁受均布荷载作用,采用剪力滞的变分解法,考虑到箱梁弯曲时上、下翼缘板剪切变形的影响,箱梁弯曲将不服从初等梁理论的平截面假定,均布荷载的箱梁剪力滞效应求解公式可简化为以下公式(图3-1):

任意截面剪力:

$$Q(x) = \frac{q}{2}(l-2x) \quad (3\text{-}1)$$

$$u'' - k^2 = \frac{7nq}{12EI}(l-2x) \quad (3\text{-}2)$$

由边界条件:

$$u'|_{x=0} = 0, \quad u'|_{x=l} = 0 \quad (3\text{-}3)$$

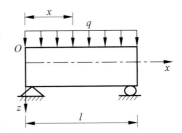

图 3-1 PK 断面混凝土箱梁简化计算模型

求得:

$$C_1 = -\frac{1}{k^3}, \quad C_2 = \frac{\mathrm{ch}kl - 1}{k^3 \mathrm{sh}kl} \quad (3\text{-}4)$$

式中:q——荷载。

n、k——瑞斯纳参数(Risna parameters),$n = \dfrac{1}{1-\dfrac{7I_s}{8I}}$,$k = \dfrac{1}{b}\sqrt{\dfrac{14Gn}{5E}}$;其中 b 为箱室 1/2 净宽,mm;I_s 为截面惯性矩,mm^4;G 为剪切模量,MPa。

E——弹性模量,MPa。

I——惯性矩,mm^4。

梁体纵向位移可以表示为:

$$u = \frac{7nq}{6EIk^2}\left[-\frac{1}{2}(l-2x) - \frac{1}{k}\mathrm{sh}kx + \frac{\mathrm{ch}kl-1}{k\mathrm{sh}kl}\mathrm{ch}kx\right] \quad (3\text{-}5)$$

弯矩公式为:

$$M_F = \frac{7}{8}\frac{I_s nq}{Ik^2}\left[1 - \mathrm{ch}kx + (\mathrm{ch}kl - 1)\frac{\mathrm{sh}kx}{\mathrm{sh}kl}\right] \quad (3\text{-}6)$$

考虑剪力滞影响的正应力为:

$$\sigma_x = \pm \frac{h_i}{I}\left[M(x) - \frac{7nq}{6k^2}\left(1 - \frac{y^3}{b^3} - \frac{3I_s}{4I}\right) \times \left(1 - \mathrm{ch}kx + \frac{\mathrm{ch}kx - 1}{\mathrm{sh}kl}\mathrm{sh}kx\right)\right] \quad (3\text{-}7)$$

跨中截面剪力滞系数计算公式如下:

$$\lambda = 1 - \frac{28n}{3k^2 l^2}\left(1 - \frac{y^3}{b^3} - \frac{3I_s}{4I}\right)\left[1 - \mathrm{ch}\frac{kl}{2} + \frac{\mathrm{ch}kl - 1}{2\mathrm{ch}(kl/2)}\right] \quad (3\text{-}8)$$

式中:$u(x,y)$——梁体纵向位移,mm;

$u(x)$——翼缘板剪切转角的最大差值;

h_i——截面形心,mm;

E——材料弹性模量,MPa。

3.3 PK断面混凝土箱梁剪力滞效应机制

剪力滞效应与PK断面混凝土箱梁结构几何特性、边界条件及外界荷载作用存在密切关系,在施工过程中箱梁由结构受力体系改变引起内力重分布,导致出现剪力滞效应,影响结构的安全性,存在局部破坏的可能性。在节段预制拼装施工阶段PK断面混凝土箱梁不受外部荷载影响,但受自重及预应力钢束作用影响。对于PK断面混凝土箱梁而言,在保证边界条件对称的前提下,左右幅箱梁顶板、底板及腹板受力呈对称状态,弯曲与剪切变形规律近似相同,因此截面正应力流传递相等。但是,由于PK断面混凝土箱梁结构中设有"空间预应力",剪力滞效应的复杂化难以确定,想要准确得到计算结果需要重点考虑预应力与边界条件变化耦合作用。根据节段预制拼装施工阶段划分,PK断面混凝土箱梁主要分为"自重作用""箱梁提升""支架上滑移"三种受力模式。

3.4 研究主体概况

具体内容参见2.5.1节~2.5.3节。

3.5 数值模拟分析

3.5.1 有限元模型

PK断面混凝土箱梁的空间有限元模型采用MIDAS FEA精细化有限元软件建立而成,模型采用四边形网格划分,预应力钢束采用3DB样线条进行模拟,其中顶板、横隔板预应力钢束与混凝土结构通过程序进行自动耦合。计算考虑理想状态下张拉预应力无损耗,未考虑普通钢筋对结构刚度的变化影响。模型假设梁体混凝土材料各向均质同性、密实,有限元模型如图3-2所示。

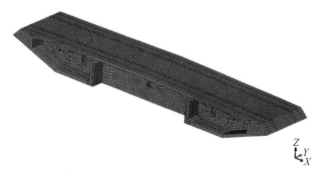

图3-2 PK断面混凝土箱梁有限元模型

3.5.2 参数选取

PK断面混凝土箱梁采用C55混凝土,结构顶板、横隔板、底板采用高强度低松弛钢绞线,公称直径为15.2mm,标准抗拉强度$f_{pk}=1860$MPa,张拉控制应为$0.75f_{pk}$,弹性模量

为 $E_s = 1.95 \times 10^5 \text{MPa}$。腹板预应力钢束采用高强度低松弛钢绞线,公称直径 32mm,标准强度为 $f_{pk} = 830 \text{MPa}$,张拉控制应力为 $0.9 f_{pk}$,弹性模量为 $E_s = 2.0 \times 10^5 \text{MPa}$。

3.5.3 计算工况

PK 断面混凝土箱梁采用"地面短线法"预制、胶拼工艺,其主要分为 4 个工况,经历 3 次体系转换,分别为:工况一,混凝土凝固拆模;工况二,张拉预应力钢束;工况三,箱梁提升至支架;工况四,滑移指定位置等待胶拼,其受力工况与边界条件简化如表 3-1 所示。

表 3-1 "地面短线法"节段预制、拼装施工计算工况

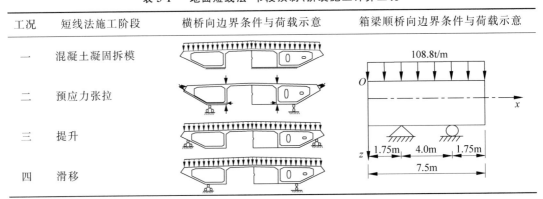

3.6 现场实测与模型精度验证

为验证混凝土 PK 断面混凝土箱梁有限元模型计算精度,分析箱梁在施工阶段应力状态的变化趋势,采用在箱梁布置应变传感器的方法进行应力监测。根据 PK 断面混凝土箱梁结构受力特征,选取结构应力变化敏感性较强的顶板位置监测。在顶板横桥向布置 6 个传感器(H1~H6),顺桥向布置 6 个传感器(Z1~Z6),共计 12 个传感器,测点布局如图 3-3 所示,箱梁应力状态监测与模拟结果对比曲线如图 3-4 所示。

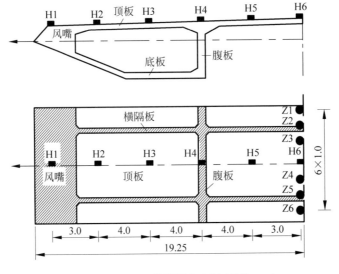

图 3-3 PK 箱梁测点布局(单位:m)

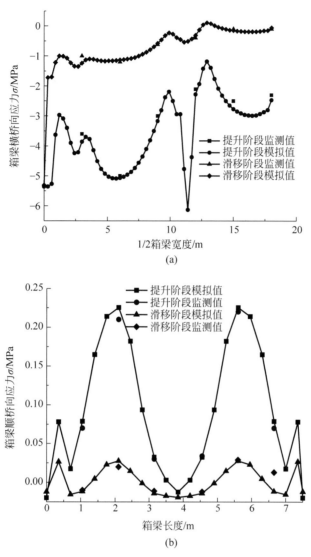

图 3-4 PK 断面混凝土箱梁应力监测与模拟结果对比曲线
（a）横桥向；（b）顺桥向

由 PK 断面混凝土箱梁在提升与滑移阶段实测值与模拟值对比曲线（图 3-4）可见，实际监测纵向弯曲应力沿横、顺桥向的分布规律与有限元模拟结果拟合良好，误差范围在 6%～7%，该误差可能是由测量仪器的精度、空气温度、太阳辐射以及结构特性与模型选取的材料、几何参数不一致等综合因素所致。鉴于模型参数选取符合规范标准，且具有明确的物理意义，满足实际工程结构计算分析的需要，所以在此不对模型进行修正处理。

3.7 剪力滞计算结果分析

选取结构顶板为例，根据材料力学初等理论与考虑结构实际受力状态的空间有限元计算理论，得到截面局部应力的比值 λ 作为评定 PK 断面混凝土箱梁结构剪力滞效应的主要指标。剪力滞系数 λ 的计算公式表示为：

$$\lambda = \frac{\sigma}{\sigma_1} \tag{3-9}$$

式中：σ_1——初等理论计算的截面平均应力；

σ——空间计算理论得到的截面应力（本节采用实体模型中的节点应力）。

计算结果（图3-5）显示，无预应力状态下PK断面混凝土箱梁顶板剪力滞效应较大，靠近风嘴和腹板两侧位置各出现了峰值，最大剪力滞系数达到3.2，结构空腔位置4～9m与15～19.25m内出现负剪力滞效应，最小剪力滞系数为0.1。在设计预应力50%作用下，箱梁锚固区位置剪力滞系数达到4.0，腹板剪力滞系数为3.25，这是由于横向预应力和腹板竖向预应力集中作用在锚点引起的应力突变，导致剪力滞效应增大。结构位置0.5～6.5m内出现负剪力滞效应，最小剪力滞系数为0.02，其余部位剪力滞效应均小于无预应力状态。当预应力达到设计预应力100%时，0～9m区域呈正剪力滞效应，9～19.25m内呈负剪力滞效应；各部位剪力滞系数曲线变化趋于平缓，整体表现小于前两种状态，说明顶板与横隔板预应力钢束对降低结构剪力滞效应作用明显。

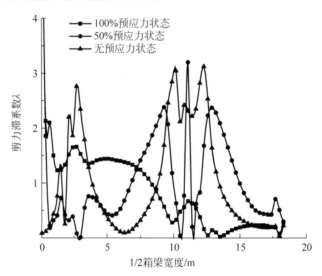

图3-5 横向预应力对PK断面混凝土箱梁剪力滞系数影响曲线

通过对比横桥向三个施工阶段的剪力滞系数变化曲线（图3-6(a)），发现自重作用下剪力滞效应最大，提升与滑移阶段剪力滞效应相对较小。其中，提升阶段剪力滞效应最大为1.75，位于腹板处。滑移阶段最大剪力滞系数为3.5，出现在靠近风嘴位置。对比箱梁提升与滑移阶段剪力滞系数曲线，发现PK断面混凝土箱梁横桥向0～6m内，在提升状态转为滑移状态时剪力滞系数最多增大约32%，6～18m内剪力滞系数最多减小75%，其主要原因是PK断面混凝土箱梁吊点与滑靴位置转换引起剪力滞沿横向分布变化。

自重作用时PK断面混凝土箱梁剪力滞系数峰值位于两侧横隔板（图3-6(b)），最大为3.15，中间截面呈负剪力滞效应，最小系数为0.1；箱梁在提升时剪力滞系数峰值最大为2.5，中间截面呈负剪力滞效应，最小系数为0.05；滑移阶段横隔板位置剪力滞系数减小到2.2，剪力滞峰值向箱梁中部略微移动，中间截面剪力滞系数最大为1.5，其原因是受顶板与横隔板预应力影响产生上拱，边界条件发生改变共同作用。

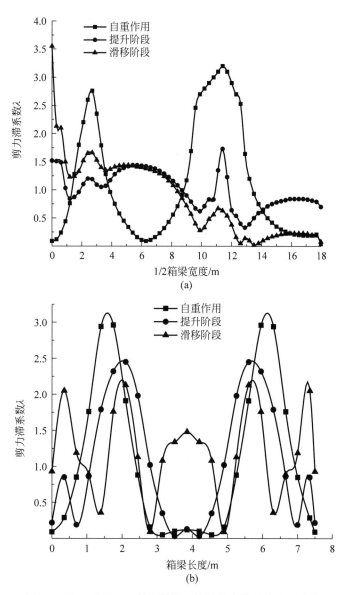

图 3-6 施工阶段 PK 断面混凝土箱梁剪力滞系数对比曲线
(a) 横桥向;(b) 顺桥向

3.8 PK 断面混凝土箱梁早期收缩、徐变效应分析

3.8.1 结构开裂现场调研

PK 断面混凝土箱梁在节段预制初期拆模后发现裂缝,裂缝宽度 $b \geqslant 1\text{mm}$,经现场检测发现,裂缝位置分布在横隔板与人洞位置周围。现场检测结果如图 3-7 和图 3-8 所示。

根据现场检测结果发现,PK 断面混凝土箱梁的裂缝分布位置主要集中在横隔板跨中底部,出现较多细微裂纹,其中横隔板最长裂纹达到 1.5m,裂纹最宽 0.2mm,具体裂缝整体分布示意如图 3-9 所示。

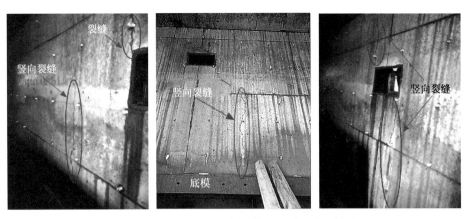

图 3-7　PK 断面混凝土箱梁横隔板裂缝检测结果

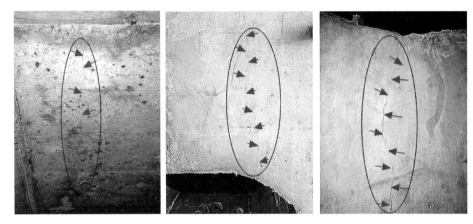

图 3-8　PK 断面混凝土箱梁人洞周边裂缝检测结果

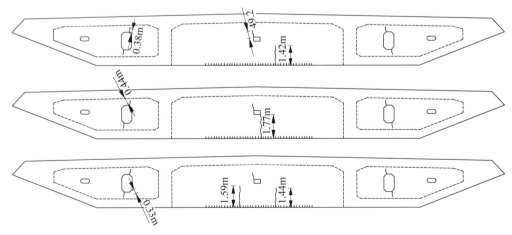

图 3-9　PK 断面混凝土箱梁裂缝整体分布示意

3.8.2　收缩、徐变计算的参数取值

当箱梁节段所用材料和施工方法确定后,影响收缩、徐变的因素主要为大气环境湿度和构件理论厚度。根据石首市及周边区域数据,当地年平均相对湿度为 70%,箱梁的理论厚

度可以通过式(3-10)计算,即:

$$h = 2A_c/u = \frac{2 \times 386\,533 \text{cm}^2}{8420 \text{cm}} \approx 91.813 \text{cm} \quad (3\text{-}10)$$

式中:A_c——分离式箱梁截面面积,cm^2;

u——箱梁与大气接触的周边长度,cm。

混凝土 28d 龄期抗压强度标准值,可通过式(3-11)计算,即:

$$f_{cm} = 0.8 f_{cu,k} + 8 = (0.8 \times 24.4 + 8)\text{MPa} = 27.52\text{MPa} \quad (3\text{-}11)$$

式中:$f_{cu,k}$——C55 混凝土轴向抗压强度,MPa。

根据以上参数的设置,通过计算可得到徐变系数及收缩应变与混凝土龄期的关系,如图 3-10 和图 3-11 所示。

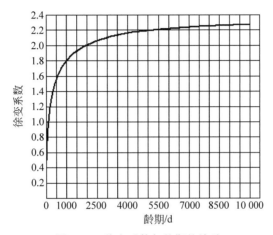

图 3-10　徐变系数与龄期的关系

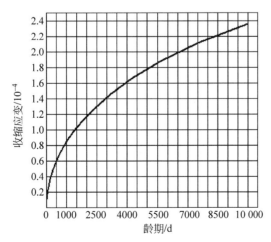

图 3-11　收缩应变与龄期的关系

3.8.3　梁段预制期间的收缩、徐变计算结果

预制梁段拆模后,四点支撑情况下考虑自重与收缩徐变效应(图 3-12)。

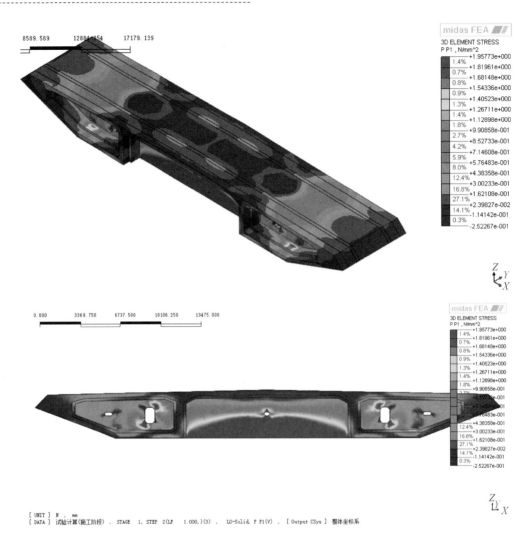

图 3-12　PK 断面混凝土箱梁 3d 龄期的应力云图(横隔板拉应力:1.96MPa)

数值模拟计算的开裂位置、裂缝宽度与实际开裂情况基本一致(图 3-13,验证了模型的准确性)。

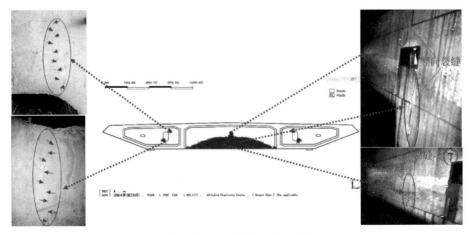

图 3-13　3d 龄期可能开裂的范围(裂缝宽度 0.092mm)

3.8.4 收缩、徐变对箱梁预应力损耗的影响

PK 断面混凝土箱梁在预制初期张拉预应力后由收缩徐变引起预应力损耗,4d 时预应力损耗达到 161MPa,横隔板拉应力为 0.6MPa;90d 时预应力损耗 121MPa,横隔板应力为 1.45MPa。由此可见,混凝土的收缩、徐变效应对预应力和结构应力状态具有较大的影响。收缩徐变对预应力损耗的影响如表 3-2、图 3-14 所示。

表 3-2 收缩、徐变对预应力损耗的影响

混凝土龄期/d	预应力钢筋张拉参数					
	横隔板预应力钢筋号	钢筋抗拉强度 f_{pk}/MPa	张拉控制应力/MPa	模拟张拉应力/MPa	预应力损耗/MPa	横隔板拉应力/MPa
4	4+4	1860	$0.375 f_{pk}$	697.5	161	0.60
10	4+4	1860	$0.75 f_{pk}$	1395.0	104	1.44
30	4+4	1860	$0.75 f_{pk}$	1395.0	119	1.45
60	4+4	1860	$0.75 f_{pk}$	1395.0	120	1.45
90	4+4	1860	$0.75 f_{pk}$	1395.0	121	1.45

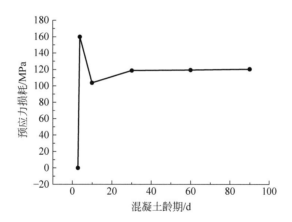

图 3-14 混凝土龄期-预应力损耗变化曲线

3.9 结论

(1) 通过 PK 箱梁现场实测与有限元模拟结果进行对比,发现采用考虑空间预应力的结构模型计算结果与实测结果吻合较好,误差在 6%~7%,同时证明了剪力滞系数的计算结果基本符合工程实际情况。

(2) PK 断面混凝土箱梁在自重状态下结构应力较小,但剪力滞效应最大,在提升与滑移阶段的剪力滞效应相对较小,且沿箱梁截面呈非线性走势。在预应力作用相同的情况下,吊点与滑靴位置的改变是影响剪力滞效应的主要因素。

(3) 横向预应力越大,剪力滞系数曲线沿横桥向越趋于平缓,当预应力达到一定张拉量时,可以改变结构的正、负剪力滞效应区范围,说明顶板与横隔板预应力钢束提供的压应力对剪力滞效应的影响效果显著。

(4)建议在设计节段预制拼装施工方案时,对预应力张拉方法以及吊点与滑靴位置的设置予以充分考虑,控制箱梁剪力滞效应,保障施工阶段结构的安全性。

(5)通过数值模拟结果可以看出,PK断面混凝土箱梁在预制时早期开裂主要由混凝土收缩、徐变效应引起,模拟结果与现场监测结果吻合,可以判断该模型信息的准确性较高。

(6)根据计算得知箱梁混凝土4d龄期时对预应力损耗具有较大影响,所以在提升前采用临时预应力束,待提升时进行预应力束更换,以减小混凝土收缩、徐变效应带来的预应力损耗,同时可有效提高预应力钢束的质量。

第4章

PK箱梁混凝土配合比设计与质量控制研究

4.1 混凝土箱梁节段预制施工技术重难点

为减少混凝土的收缩、徐变变形,降低预应力混凝土宽幅箱梁开裂的概率,提高桥梁的安全性、耐久性,根据PK箱梁的构造特点,采用在台座上整幅分段预制、匹配制造、支架存梁、逐段拼装的方法施工。

保证钢筋混凝土桥梁使用寿命的根本是提高桥用混凝土结构的耐久性,导致桥梁耐久性寿命降低的原因较多,其中由高强混凝土自收缩和温度收缩较大引起的早期开裂、收缩徐变较高引起的预应力损失以及荷载-腐蚀环境耦合作用引起的长期力学性能不足等,是当前桥梁混凝土结构耐久性劣化的主要原因。对于该研究项目而言,混凝土设计、施工中存在的主要重难点技术问题如下。

1) 高工作性要求

优良的工作性是保证混凝土浇捣均匀成型密实,具有良好外观质量及耐久性。箱梁构造复杂、配筋密集、预应力体系复杂且波纹管多,混凝土浇捣均匀和密实难度较大,因此对混凝土的流动性和抗离析性要求高。

2) 防裂控制要求

箱梁混凝土设计强度等级C55,属高强混凝土;梁段风嘴和索塔横梁处、北辅助墩墩顶、北过渡墩墩顶处的梁段横隔板等部位混凝土厚度大,属于大体积混凝土。高强大体积混凝土的水化热温升高,自收缩大,因此有必要在梁段预制施工过程中,对相关区域进行温度实时监控,评估水化热效应,并采取必要温控措施预防混凝土施工过程中产生较高的水化热,从而导致较大的温度应力引起梁体开裂。

3) 较高早期强度要求

导致混凝土箱梁开裂,一个重要因素是拉力大于抗拉强度,为确保混凝土梁处于全受压状态或使其拉力小于其抗拉强度,北边跨混凝土箱梁在完成预制后,在其强度达到设计强度的90%时,及时进行横、竖向预应力及部分横隔板预应力的张拉,使箱梁整体处于受压状态,以提高其预防裂缝产生的能力,即可有效防止开裂,因此,对箱梁混凝土有一定的早期强度要求。

4) 低收缩徐变要求

混凝土收缩徐变对混凝土结构的长期性能影响较大,主要体现为影响桥梁的受力和变形,该问题已经成为桥梁设计施工中十分棘手而又不容回避的问题。为保证箱梁梁段的拼接精度、减少混凝土收缩变形差异,一方面要求尽量缩短相邻梁段之间的混凝土龄期差;另一方面要求箱梁混凝土的收缩徐变尽快完成,且箱梁混凝土的收缩应变和徐变系数终值应尽量小。而为配制高强度等级的混凝土,会用到较多的胶凝材料,这给减小混凝土的收缩、徐变增加了难度。

5) 养生要求

混凝土箱梁要经过寒冷冬季施工和炎热夏季施工,提梁至存梁支架后的高空养生极其困难,混凝土易产生收缩裂缝,因此对养生的要求很高。

箱梁高性能混凝土必须具有高的抗裂能力和低收缩徐变性能,同时还应具备良好的抗碳化和抗钢筋锈蚀能力,以确保结构的安全性。

4.2 高性能混凝土配合比设计目标、流程与思路

4.2.1 配合比设计指标

针对北边跨宽幅预应力箱梁的结构构造、受力特点及服役环境,其高性能混凝土配合比设计要求是:高工作性(大流动性、低坍落度损失、稳定泵送性能)、高抗裂性(降低水化热温升、减少自收缩以降低早期开裂敏感性)、高体积稳定性(低收缩徐变)及适宜强度和高耐久性(抗渗、抗碳化及抗钢筋锈蚀)。根据设计、施工和抗裂性及服役要求,箱梁高性能混凝土拟达到的设计指标如表4-1所示。

表 4-1 箱梁 C55 高性能混凝土配合比设计指标

项目	指标	要求
混凝土拌和物性能要求	出机坍落度/mm	210 ± 20
	出机扩展度/mm	520 ± 30
	经时1h坍落度/mm	$\leqslant 20$
	损失含气量/%	$\leqslant 3.0$
硬化混凝土力学性能要求	初凝时间/h	$\geqslant 18, \leqslant 24$
	7d 抗压强度/MPa	$\geqslant 55$
	28d 抗压强度/MPa	$\geqslant 66, \leqslant 77$
	7d 弹性模量/MPa	$\geqslant 3.8 \times 10^4$
	28d 弹性模量/MPa	$\geqslant 4.0 \times 10^4$
抗裂与变形性能	7d 绝热温升值/℃	$\leqslant 55$
	90d 干燥收缩率	$\leqslant 400 \times 10^{-6}$
	7d 龄期加载 360d 的徐变系数	$\leqslant 2.0$
	平板法早期抗裂性等级(单位面积上的总开裂面积)	<700(L-Ⅲ级及以上)
	碱活性	采用快速砂浆棒法,14d 膨胀率检验结果小于 0.10% 的非碱活性骨料
耐久性能	碳化深度(养护 7d 龄期标准碳化 28d)/mm	$\leqslant 5$(T-Ⅳ级)
	28d 电通量/C	<1000(Q-Ⅳ级及以上)
	抗冻等级	$\geqslant F300$
	抗硫酸盐侵蚀等级	$\geqslant KS150$

4.2.2 配合比设计流程

根据配合比设计的一般规律,采用如图 4-1 所示的基于抗裂和耐久性为高性能指标的箱梁 C55 混凝土配合比设计流程。初步确定符合混凝土工作性与强度的胶凝材料总量、用水量及砂率后,通过热效应试验(胶凝材料水化热、混凝土绝热温升)、早期开裂约束试验(塑性收缩开裂平板试验)和体积稳定性试验(收缩和徐变)3 个指标进行优化选择,并对优化结果进行耐久性验证试验,以确认所选配合比前期试验的可靠性。

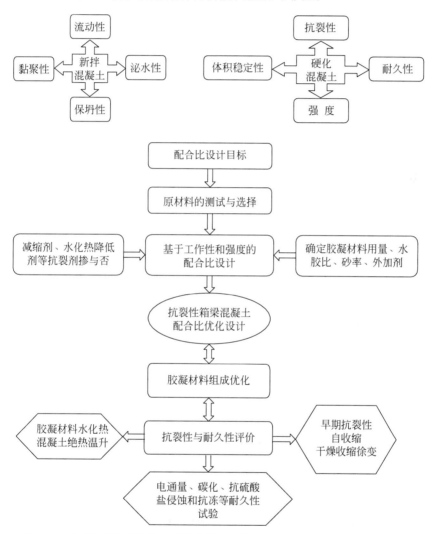

图 4-1 基于抗裂和耐久性为高性能指标的箱梁 C55 混凝土配合比设计流程

4.2.3 配合比设计思路

为实现北边跨宽幅箱梁混凝土高工作性、高抗裂性、低收缩徐变及适宜强度和高耐久性的配制目标,混凝土配合比设计遵循低水泥用量、低用水量、骨料最大堆积密度、掺用缓凝型高性能减水剂与较大掺量矿物掺合料的原则,其主要设计思路如下。

（1）缓凝型聚羧酸高性能减水剂与粉煤灰、矿粉三掺"超叠加"效应：粉煤灰可以降低水化热和改善泵送性能，矿粉对早期强度和碳化性能影响较小，粉煤灰、矿粉的二次水化反应可以改善胶凝材料水化产物的组成，提高抵抗环境中化学介质腐蚀的能力，调整混凝土内部实际强度的发展，并可利用其微集料填充作用致密浆体及改善其与骨料的界面结构。缓凝型聚羧酸高性能减水剂具有超高分散(减水)作用及缓凝作用，可以大幅降低水胶比，提高强度，推迟并削减水化热温峰。因此，矿物掺合料与高性能聚羧酸减水剂的叠加可达到减少水泥用量和用水量、降低水化热、密实混凝土内部结构，使混凝土强度持续稳定发展，且耐久性得以改善的多重目的，并且解决了箱形结构高性能混凝土需要缓凝时间长与早期强度要求较高之间的矛盾，并实现了对混凝土的长期体积变形和收缩徐变的有效控制。

在满足混凝土工作性、强度和耐久性的前提下，尽量减少胶凝材料中的硅酸盐水泥用量，并避免使用早期强度较高的水泥和 C_3A 含量高的水泥，这是提高混凝土体积稳定性和抗裂性的一项重要措施。

在胶凝材料总量确定的情况下，尽量使用优质粉煤灰、矿粉等活性矿物掺合料取代减少的水泥，实现混凝土的高性能化。水泥水化反应表明，水泥和水的正效应是作为混凝土的活性组分及黏结混凝土中砂石骨料，并形成整体强度的胶凝材料的因子，但同时也是混凝土耐久性的主要劣化因子：$Ca(OH)_2$ 为不稳定相，宜溶于水析出，$Ca(OH)_2$ 含量过多对耐久性不利，水泥中的碱和活性骨料在 $Ca(OH)_2$ 条件下易产生碱骨料反应。(酸雨)环境中的硫会与低碱型钙矾石、铝酸盐水化产物及石膏生成钙矾石产生膨胀。过高的水泥浆量会产生大的水化热，高的坍落度损失，使塑性收缩裂缝出现的概率增大，弹性模量降低，干燥收缩与徐变增大。

（2）控制最大用水量：将拌和水最大用量作为控制混凝土耐久性的重要指标，比控制最大水胶比更为有利。减少拌和用水量，既可避免泌水、气泡过多及浮浆，提高混凝土的均质性，也可维持强度及与混凝土体积稳定性相关的耐久性。混凝土高拌和用水量的后果是：强度降低、吸水率和抗渗性增大，干缩裂缝出现的概率加大，水泥浆体-骨料界面黏结力及钢筋与混凝土握裹力减小，抗风化能力降低。为此，应使用具有超分散(高减水率)的聚羧酸系高性能减水剂。

（3）水胶比适当：在一定范围内减小水胶比，混凝土强度和体积稳定性提高，但为保证混凝土的抗裂性能，水胶比应适当，不宜过小，过小的水胶比易导致混凝土塑性收缩和自收缩增大，过大的水胶比会增大混凝土的收缩和徐变、降低混凝土的耐久性。

（4）骨料堆积密度最大：优化骨料级配，特别重视粗骨料的级配以及粗骨料的粒形要求，获取最大堆积密度和最小空隙率，以尽可能减少胶凝材料浆体用量，适当降低砂率、增加碎石用量，以提高混凝土体积稳定性，浆骨比的降低对混凝土徐变的降低具有重要作用。

4.3　PK 箱梁 C55 高性能混凝土配合比优化设计

4.3.1　试验材料

用于箱梁 C55 混凝土配合比试验的各种原材料品种(现场用料)如下。

（1）水泥：包括 P·O 42.5 水泥和 P·O 52.5 水泥两种。

(2) 矿物掺合料：F 类 I 级粉煤灰；S95 级粒化高炉矿粉。

(3) 细骨料：河砂。

(4) 粗骨料：5～20mm 白云岩碎石，碎石掺配比例为小石(4.75～9.5mm)：中石(9.5～19mm)＝20：80 或 30：70，具体比例根据级配情况变化进行调整。

(5) 外加剂：缓凝型聚羧酸高性能减水剂。

各原材料的主要性能指标如表 4-2～表 4-7 所示。

表 4-2 水泥主要性能指标

水泥	比表面积/(m²/kg)	凝结时间/min		安定性	碱含量/%	Cl⁻含量/%	抗压强度/MPa		抗折强度/MPa	
		初凝	终凝				3d	28d	3d	28d
P·O 42.5	339	182	240	0.5	0.42	0.01	27.7	46.2	5.6	7.9
P·O 52.5	369	165	245	0.5	0.52	0.01	28.6	57.9	5.1	8.2

表 4-3 粉煤灰主要性能指标

粉煤灰	密度/(g/cm²)	细度(45μm筛筛余)/%	烧失量/%	SO₃含量/%	需水量比	含水率/%
I 级	—	7.2	2.92	1.76	87	0.3

表 4-4 矿粉主要性能指标

矿粉	密度/(g/cm²)	比表面积/(m²/kg)	含水量/%	烧失量/%	MgO含量/%	SO₃含量/%	Cl⁻含量/%	胶砂活性指数/%	
								7d	28d
S95 级	2.96	411	0.3	2.1	5.79	1.2	0.02	79	98

表 4-5 细骨料主要性能指标

细骨料	表观密度/(kg/m³)	细度模数	含泥量/%	泥块含量/%	松散堆积密度/(kg/m³)	松堆空隙率/%	吸水率/%
河砂	2645	2.59	3.2	0	1578	40.3	0.52

表 4-6 粗骨料主要性能指标

粗骨料/mm	表观密度/(kg/m³)	压碎值/%	针片状含量/%	含泥量/%	泥块含量/%	松散堆积密度/(kg/m³)	吸水率/%	松堆空隙率/%	碱集料反应活性/%
4.75～9.5	2859	16.3	5.1	0.6	0	1660	0.73	42	0.07
9.5～19.0	2837	19.1	4.9	0.5	0	1690	0.66	40	

表 4-7 外加剂基本物理性能

减水剂	减水率/%	含固量/%	总碱量/%	Cl⁻含量/%	凝结时间差/min		1h 经时变化量/mm	7d 抗压强度比/%
					初凝	终凝		
聚羧酸	25.5	22.03	2.78	0.15	—	—	25	145

4.3.2 试验方法

(1) 混凝土拌和物性能：混凝土坍落度、扩展度、容重、含气量、凝结时间和压力泌水率等试验依据《普通混凝土拌和物性能试验方法标准》(GB/T 50080—2016)进行。

(2) 混凝土力学性能：混凝土抗压强度、劈裂抗拉强度和弹性模量依据《混凝土物理力学性能试验方法标准》(GB/T 50081—2019)进行。立方抗压强度试件尺寸 150mm×150mm×150mm；劈裂抗拉强度试件尺寸 150mm×150mm×150mm(立方体)；抗压弹性模量试件尺寸 150mm×150mm×300mm(棱柱体)，选用对面贴应变片的方法测其变形。试验机采用 5D-C8822 型多功能动态液压伺服万能试验机(3000kN)。

(3) 混凝土绝热温升试验：依据《水工混凝土试验规程》(DL/T 5150—2017)所提供的方法，采用 HR-2A 型混凝土热物理参数测定仪进行测定。试验历时 7d，每 1h 记录 1 次混凝土中心温度。

(4) 混凝土早期抗裂性试验：采用尺寸为 800mm×600mm×100mm 的平面薄板型钢制模具，模具的四边采用角钢焊接而成，模具四边与底板通过螺栓固定在一起。模具内有 7 根裂缝诱导器，裂缝诱导器分别用 50mm×50mm、40mm×40mm 角钢与 50mm×50mm 钢板焊接而成，并平行于模具短边。底板采用厚度不小于 5mm 的钢板，具体如图 4-2 所示。

图 4-2　混凝土早期抗裂试验模具

试验具体步骤依据《普通混凝土长期性能和耐久性能试验方法标准》(GB/T 50082—2009)进行。试验温度(20±2)℃，相对湿度(60±5)%。混凝土浇筑成型 30min 后，立即调节风扇位置和风速，使试件表面中心正上方 100mm 处风速为(5±0.5)m/s，且使风向平行于试件表面和裂缝诱导器。记录 24h 内裂缝数量、裂缝长度、裂缝宽度以及最早出现裂缝的时间。裂缝宽度使用 40 倍读数的显微镜进行测量。混凝土抗裂性指标按如下公式计算。

① 每条裂缝的平均开裂面积：

$$a = \frac{1}{2N}\sum_{i=1}^{N} W_i L_i \quad (4-1)$$

② 单位面积的裂缝数目：

$$b = \frac{N}{A} \tag{4-2}$$

③ 单位面积上的总开裂面积：

$$c = ab \tag{4-3}$$

上述式中：W_i——第 i 条裂缝的最大宽度，mm；

L_i——第 i 根裂缝的长度，mm；

N——总裂缝数目，条；

A——平板面积，0.48m²；

a——每条裂缝的平均开裂面积，mm²/条；

b——单位面积的裂缝数目，条/m²；

c——单位面积的总开裂面积，mm²/m²。

混凝土早期开裂等级的控制指标为单位面积上的总开裂面积 c(mm²/m²)，按《混凝土耐久性检验评定标准》(JGJ/T 193—2009)对早期抗裂性能进行等级划分，具体划分标准如表 4-8 所示。

表 4-8 混凝土早期抗裂性能的等级划分

等级	Ⅰ	Ⅱ	Ⅲ	Ⅳ	Ⅴ
c(mm²/m²)	$c \geqslant 1000$	$700 \leqslant c < 1000$	$400 \leqslant c < 700$	$100 \leqslant c < 400$	$c < 100$

(5) 干燥收缩(干缩)试验：干缩试验采用 100mm×100mm×400mm 试件，试件成型后放入标准养护室内养护 3d 之后脱模，在棱柱形试件顶部正中间用环氧树脂固定铁夹，待环氧树脂硬化后固定千分表，将试件放入恒温恒湿(温度(20±2)℃、相对湿度(60±5)%)环境中干燥，记录下初始千分表读数 L_0，此后连续观测养护到不同龄期千分表读数 L_t，通过式(4-4)计算不同龄期混凝土的干缩率(ε_{st})。

$$\varepsilon_{st} = \frac{L_0 - L_t}{L_b} \tag{4-4}$$

式中：ε_{st}——龄期为 t 天时混凝土干缩值；

L_b——时间的测量标距，本试验方法取 400mm；

L_0——试件的初始变形值，mm；

L_t——试件在龄期为 t 时的变形值，mm。

(6) 混凝土抗压徐变试验：按照《普通混凝土长期性能和耐久性能试验方法标准》(GB/T 50082—2009)进行。试件尺寸为 100mm×100mm×400mm(棱柱体)，每组 2 个试件，混凝土成型后，标准养护至 7d 龄期后，移至恒温恒湿室(温度(20±2)℃、相对湿度(60±5)%)进行加载，加载应力取对应棱柱体轴心抗压强度的 40%，采用千分表观测变形。加载装置采用 300kN 弹簧式压缩徐变仪。徐变试验平行成型 2 个干燥收缩试件，平行测量混凝土的干燥收缩。

(7) 混凝土电通量：用于评价混凝土的密实性，依据 GB/T 50082—2009 中的电通量法进行测定，试件尺寸 ϕ100mm×50mm，养护龄期为 28d、56d。采用 PER-6A 混凝土氯离子电通量测定仪进行测定。

（8）碳化试验：采用 CCB-70 型混凝土碳化试验箱进行，试件尺寸为 100mm×100mm×100mm，成型混凝土在标准养护条件下养护 7d 后进行碳化试验。具体试验操作按照 GB/T 50082—2009 规定的方法进行。

（9）抗硫酸盐侵蚀性能试验：采用 GB/T 50082—2009 中的干湿循环-硫酸盐侵蚀试验方法进行。试件尺寸为 100mm×100mm×100mm，标准养护 28d 后开始干湿循环-硫酸盐侵蚀试验，侵蚀制度为：5% Na_2SO_4 溶液浸泡 15h＋风干 1h＋80℃烘干 6h＋冷却 2h，24h 为一次干湿循环。每 30 次更换一次 Na_2SO_4 溶液。循环试验装置采用 MKS-54B 型混凝土硫酸盐干湿循环试验机，循环次数 $n=0、30、60、90、120、150$ 次时，分别测定受硫酸盐侵蚀试件的抗压强度，同时测定与受硫酸盐侵蚀试件同龄期的标准养护试件，对比混凝土试件的抗压强度。抗硫酸盐侵蚀等级以混凝土抗压强度耐蚀系数下降到不低于 75% 时的最大干湿循环次数确定，计算公式如下：

$$K_f = \frac{f_{cn}}{f_{c0}} \tag{4-5}$$

式中：K_f——抗压强度耐蚀系数，%；

f_{cn}——经过 n 次干湿循环后受硫酸盐侵蚀的混凝土试件的抗压强度值，MPa；

f_{c0}——与受硫酸盐侵蚀试件同龄期的标准养护下混凝土试件的抗压强度值，MPa。

（10）抗冻性试验：依据 GB/T 50082—2009 中的快冻法进行，试件尺寸 100mm×100mm×400mm，养护龄期 28d，冻融循环试验机为 TDRF2 型混凝土冻融试验设备，动弹性模量测试采用 DT-9W 动弹仪。

4.4 混凝土配合比设计与基本性能试验

4.4.1 P·O 42.5 水泥试配的混凝土

首先，采用 P·O 42.5 水泥进行了 C55 混凝土配合比试验，配合比设计见表 4-9。其中，胶凝材料用量 495kg/m³、505kg/m³，用水量固定为 148kg/m³，砂率固定为 40%，着重调整粉煤灰与矿粉总掺量及比例。混凝土的工作性能及强度结果见表 4-10。

表 4-9　P·O 42.5 水泥试验混凝土配合比

编号	胶凝材料总量/(kg/m³)	配合比/(kg/m³)					水胶比	掺合料掺量/%		减水剂/%
		水泥	粉煤灰	矿粉	水	砂	碎石		粉煤灰	矿粉	
L1	495	371	62	62	148	735	1102	0.30	12.5	12.5	1.2
L2		346	62	87	148	735	1102	0.30	12.5	17.5	1.2
L3	505	379	63	63	148	731	1096	0.293	12.5	12.5	1.2
L4		354	63	88	148	731	1096	0.293	12.5	17.5	1.2
L5		404	63	38	148	731	1096	0.293	12.5	7.5	1.2
L6		429	51	25	148	731	1096	0.293	10.0	5.0	1.2

注：碎石级配比例为：小:中＝2:8。

表 4-10　P·O 42.5 水泥试配的混凝土工作性能及强度结果

编号	坍落度/mm	扩展度/mm	实测容重/(kg/m³)	工作性能描述	抗压强度/MPa 7d	抗压强度/MPa 28d
L1	200	490	2540	流动性一般,无泌水离析	50.1	59.7
L2	200	460	2535	流动性较差,无泌水离析	51.8	61.2
L3	215	520	2527	流动性好,无泌水离析	53.0	62.4
L4	200	480	2519	流动性一般,无泌水离析	52.7	61.5
L5	200	540	2555	流动性好,无泌水离析	47.3	58.9
L6	200	470	2534	流动性较差,无泌水离析	52.6	60.7

根据表 4-10 试验结果可知,使用 P·O 42.5 水泥,混凝土 7d 和 28d 强度都无法满足 C55 试配强度要求。

4.4.2　采用 P·O 52.5 水泥试配的混凝土

在尝试采用 P·O 42.5 水泥不能满足 C55 强度试配要求情况下,采用了 P·O 52.5 水泥进行试配,并且更换了减水剂的母液品种及配方,更换后的减水剂与 P·O 52.5 水泥有较好的适应性。配合比设计见表 4-11。其中,胶凝材料用量为 496kg/m³、498kg/m³,对应的用水量分别为 144kg/m³ 和 147 kg/m³,对应的砂率分别为 39.5%、39.0%,同样,着重调整粉煤灰与矿粉总掺量(30%、25%、20%)及比例对工作性及强度的影响,试验结果见表 4-11。

表 4-11　P·O 52.5 水泥试验混凝土配合比

编号	胶凝材料总量/(kg/m³)	配合比/(kg/m³) 水泥	粉煤灰	矿粉	水	砂	碎石	水胶比	掺合料掺量/% 粉煤灰	矿粉	减水剂/%
X1	496	348	49	99	144	731	1120	0.29	10	20	1.25
X2		348	74	74	144	731	1120	0.29	15	15	1.25
X3		372	50	74	144	731	1120	0.29	10	15	1.20
X4		372	74	50	144	731	1120	0.29	15	10	1.20
X5		397	0	99	144	731	1120	0.29	0	20	1.25
X6		397	37	62	144	731	1120	0.29	7.5	12.5	1.20
X7		397	49	50	144	731	1120	0.29	10	10	1.25
X8	498	407	50	41	147	720	1125	0.295	10	8.2	1.25
X9		417	41	40	147	720	1125	0.295	8.2	8.2	1.25

注:碎石级配比例调整为:小:中=3:7。

由表 4-11 结果可以看出:

(1) 上述 9 个配合比的坍落度/扩展度均满足设计要求,相对而言,掺合料较小的 X8、X9 配合比混凝土流动性较差,其他 7 个配合比扩展度均超过 520mm。另外,试验中发现混凝土扩展较慢,总体较黏,下一步优化有适当增加用水量或外加剂掺量的必要。

(2) 矿物掺合料总量相同的配合比,如 X2 与 X1、X4 与 X3、X7、X6 与 X5,矿粉掺量较大的配合比 7d 强度略高,粉煤灰掺量较大的配合比 28d 强度略高,符合矿粉早期活性较高而粉煤灰后期活性较高的特点。掺合料掺量对混凝土强度影响规律,总体上是 7d 强度随掺合料掺量增大有少许降低,28d 强度变化趋势不显著,掺合料总量在 20%~30% 的配合比

28d 强度除 X3 异常外基本在 70.7～73.3MPa 内变化,差别不大;反而掺合料总量 16.4%～18.2%的 X8、X9 配合比 28d 强度更低,介于 65.3～69.5MPa。

(3) 从 7～28d 强度增进程度来看,除 X3 配合比强度增进不大外,其他配合比的强度均具有良好的增进,增加幅度在 8～14MPa。

(4) 9 个配合比的 7d 抗压强度均超过设计强度,28d 强度除 X9 外,其他均超过试配强度 66MPa 的要求。

综合考虑粉煤灰、矿粉复合掺合料掺量和组成比例对混凝土绝热温升、强度、收缩徐变等的可能影响,初步筛选出工作性和强度均满足设计和施工要求的 X2 配合比(粉煤灰 15%+矿粉 15%)、X3 配合比(粉煤灰 10%+矿粉 15%)和 X7 配合比(粉煤灰 10%+矿粉 10%)三个配合比供下一步混凝土抗裂、变形与耐久性试验验证与对比,这三个配合比的 7d 或 28d 强度较高,且掺合料掺量按 30%、25%、20%规律递减,具有较强代表性。

4.4.3 初步优选的混凝土配合比复盘验证

考虑到上述试验时,混凝土较黏,在本次复盘验证试验时,将混凝土的用水量增加了 3kg/m³。另外,增加一组 X10 配合比(粉煤灰 20%+矿粉 10%)与 X2(粉煤灰 15%+矿粉 15%)进行对比,详见表 4-12。

表 4-12 初步优选的混凝土配合比

编号	配合比/(kg/m³)						水胶比	掺合料掺量/%		减水剂/%
	水泥	粉煤灰	矿粉	水	砂	碎石		粉煤灰	矿粉	
X2	348	74	74	147	731	1120	0.296	15	15	1.25
X3	372	50	74	147	731	1120	0.296	10	15	1.25
X7	397	49	50	147	731	1120	0.296	10	10	1.25
X10	348	99	49	147	731	1120	0.296	20	10	1.25

注:碎石级配比例调整为:小:中=3:7。

表 4-13 是初步优选配合比的混凝土工作性能复验结果。由表 4-13 可以看出,4 个配合比的初始坍落度、扩展度均满足(210±20)mm、(520±30)mm 的设计要求,坍落度 1h 损失值均小于 20mm。相比而言,复掺 20%粉煤灰+10%矿粉的 X10 配合比,扩展度损失较其他三个配合比小些。另外,上述配合比的混凝土初凝时间均在 18h 左右,基本符合设计要求;含气量在 1.7%～2.0%,满足预应力混凝土含气量不超过 3.0%的设计要求;压力泌水率符合《混凝土泵送施工技术规程》(JGJ/T 10—2011)中规定的混凝土压力泌水率不宜超过 40%的要求。

表 4-13 初步优选配合比的混凝土工作性能复验结果

编号	容重/(kg/m³)	新拌和物坍落度/扩展度/mm		压力泌水率 S_{10}/%	含气量/%	初凝时间/(h:min)
		初始	60min			
X2	2537	220/530×550	215/500×520	37.5	1.7	18:35
X3	2528	220/520×540	210/490×515	33.2	1.9	18:20
X7	2524	230/540×550	220/510×520	30.1	1.7	17:40
X10	2515	230/535×550	220/520×530	38.5	2.0	19:30

箱梁混凝土综合力学性能包括立方体抗压强度、劈裂抗拉强度和抗压弹性模量等,试验结果如表4-14所示。可以看出,4组试样的各龄期抗压强度差别并不大,其中X2、X10掺合料总量较高,达到30%,有利于降低水化热温升,再结合劈裂抗拉强度和弹性模量的发展,可推荐用于箱梁施工。其中,X2的3d、7d、28d和56d强度分别达到设计强度等级的101.1%、119.5%、131.8%、143.5%,具有早期强度较高、后期强度持续稳定增长的特性,它的3~7d早期强度高可以满足工程中尽早进行预应力张拉的强度要求,28d强度比较适中,既有较高的强度富余,但也控制在设计强度值的1.4倍以内。

表4-14 初步优选配合比的混凝土综合力学性能复验结果

编号	立方体抗压强度/MPa				劈裂抗拉强度/MPa			抗压弹性模量/(10^4MPa)	
	3d	7d	28d	56d	3d	7d	28d	7d	28d
X2	55.6	65.7	72.5	78.9	3.52	4.49	5.54	3.95	4.92
X3	56.1	66.5	71.9	77.3	3.45	4.41	5.39	3.86	4.85
X7	57.7	67.3	73.8	77.9	3.32	4.23	5.26	3.91	4.79
X10	54.5	65.4	74.8	79.6	3.24	4.31	5.61	3.87	4.89

4.4.4 初步优选的混凝土配合比蒸汽养护强度试验

考虑到混凝土箱梁预制在冬季施工时,可能采用湿热蒸汽养护,因此,针对湿热蒸养产生的热效应对混凝土性能的损伤(降低长龄期强度和耐久性),在实验室采用快速养护箱模拟蒸汽养护对初选配合比的混凝土强度的影响。目前,国内相关规范对混凝土预制梁构件的湿热蒸汽养护一般规定如下:预制梁构件的湿热蒸汽养护可分静停、升温、恒温、降温4个阶段。成型后静停时间为4~6h,静停环境温度不应低于5℃;升温期升温速度不宜大于10℃/h;恒温期间混凝土内部温度不宜超过60℃,不得超过65℃。恒温养护时间应根据构件脱模强度要求、混凝土配合比情况以及环境条件等通过试验确定;降温期降温速度不宜大于10℃/h。

混凝土构件在出池或撤除养护前,应进行温度测量,当表面与外界温差不大于20℃时,构件方可出池或撤除养护措施。蒸汽养护的预制梁脱模后的保温保湿养护时间不宜短于7d。

为减少蒸汽养护对预制构件长期性能发展的不利影响,采取的措施主要有:混凝土配合比一般使用掺矿粉或矿粉与粉煤灰复掺,并采用高性能减水剂尽量降低水胶比和用水量;蒸汽养护制度宜采用弱养护制度,即长静停、慢升温、低恒温、缓降温。

本研究建议的弱蒸汽养护制度为:静停5h→匀速慢升温2.5h至45℃(升温速率≤10℃/h)→恒温5h→缓降温2.5h(降温速率≤10℃/h)后拆模→转标准养护。

表4-15是X2和X7两个配合比混凝土采用上述蒸汽制度与标准养护制度的抗压强度结果对比。根据目前已测定的混凝土试件7d龄期前的强度,蒸汽养护对提前脱模及1d龄期强度发展较为有利,但3d、7d强度增长并不明显,甚至X7配合比的蒸汽养护7d强度较标准养护7d强度略有降低。从目前7d强度结果来看,配合比X2较X7更适合蒸汽养护。

表 4-15　初选配合比的混凝土蒸汽养护(45℃×5h)强度结果　　　　　MPa

配合比编号	蒸汽养护抗压强度				标准养护抗压强度			
	1d	3d	7d	28d	1d	3d	7d	28d
X2	36.4	57.7	66.4	待强	—	55.6	65.7	72.5
X7	41.6	57.2	62.5	待强	—	57.7	67.3	73.8

4.5　混凝土绝热温升测定与早期抗裂性试验

4.5.1　绝热温升

混凝土绝热温升试验有助于了解其放热历程,从而为混凝土不同时段的温控提供参考。影响混凝土绝热温升的因素包括水泥品种、水泥用量、掺合料品种及用量、外加剂类型等。图 4-3 为 X2、X3、X7 三个配合比的混凝土绝热温升曲线。根据图 4-3 结果发现:三个配合比的绝热温升随龄期变化趋势一致,包括缓慢放热期、快速放热期和放热稳定期三个阶段,且绝热温升值随掺合料总量增大而降低。①在最初的 16h 内,三个配合比的水化放热量很小,放热非常缓慢,X2、X3、X7 配合比的绝热温升值分别仅为 3.12℃、4.13℃ 和 4.45℃。②16～60h,混凝土开始进入快速水化放热期,X7 配合比当水化到 24h、36h、48h、60h 时,混凝土的绝热温升值分别为 19.98℃、40.01℃、46.36℃、49.16℃;X2 配合比当水化到 24h、36h、48h、60h 时,混凝土的绝热温升值分别为 17.83℃、36.66℃、43.67℃、46.46℃,绝热温升值依次降低 10.8%、8.4%、5.8%、5.5%。③60h 后,混凝土绝热温升增加变得减小,进入水化放热稳定期,至 168h 龄期时 X7、X3、X2 的绝热温升值(T7)分别为 53.21℃、51.76℃、50.51℃,X2 比 X7 的 7d 绝热温升值降低 2.7℃(5.1%)。

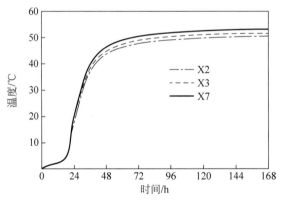

图 4-3　混凝土绝热温升曲线

由此看来,混凝土浇筑完成后的 16～60h(2.5d)是该混凝土快速水化热温升期,也是温控的关键时段,施工时应特别关注前 60h 的水化热温升并采取有效措施降低温峰,主要措施是加大冷却水管的流量、降低冷却水进口温度等,以控制内部中心温度。

4.5.2　早期抗裂性

由表 4-16 抗裂性指标可知,三组试样中,掺 15%粉煤灰+15%矿粉的 X2 试样表现出最好的抗裂效果,裂缝出现时间有所延迟,裂缝最大宽度有所降低,单位面积上的裂缝数目和总开裂面积大幅下降,较 X7 试样分别减少 48.1% 和 63.9%,抗裂等级达到 L-Ⅳ 级。表 4-16 为上述三个配合比早期开裂敏感性试验结果。

表 4-16 混凝土早期抗裂试验结果(24h)

编号	抗裂性指标					抗裂等级评定
	初裂时间/min	裂缝最大宽度/mm	平均开裂面积(a)/(mm^2/条)	单位面积的裂缝数目(b)/(条/m^2)	单位面积上的总开裂面积(c)/(mm^2/m^2)	
X2	315	0.10(非常细)	2.97	56	166.3	L-Ⅳ
X3	280	0.15(非常细)	3.59	87	312.3	L-Ⅳ
X7	245	0.18(细)	4.27	108	461.2	L-Ⅲ

4.6 混凝土收缩与徐变试验

4.6.1 干燥收缩

三组混凝土的干燥收缩试验结果见表 4-17 和图 4-4。受试验时间短促的影响,目前只有 56d 龄期的干燥收缩值。

表 4-17 混凝土干缩试验结果

编号	干缩率/10^{-6}						
	1d	3d	5d	7d	14d	28d	56d
X2	49	82	115	136	159	202	221
X3	67	106	129	151	172	216	236
X7	78	118	138	169	191	244	261

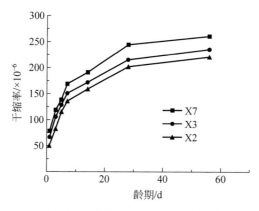

图 4-4 混凝土干缩随龄期变化关系

根据表 4-17 和图 4-4 结果可知:

(1) 各组混凝土干缩率随干燥时间的延长而增长,干缩曲线尤其是在早龄期 7d 前发展迅速,随着时间的延长而逐渐平缓,56d 龄期后还会有一定的增长。

(2) 掺 15%粉煤灰+15%矿粉的 X2 试样干燥收缩率最低，与 X7、X3 相比，X2 试样 56d 干缩率分别降低 15.3%、6.4%。

分析认为粉煤灰与矿粉复掺降低干缩率的主要原因如下。

(1) 粉煤灰与矿粉在 15%+15%掺量比例下与水泥间在粒径分布上形成更密实的浆体堆积，且它们与水泥颗粒水化生成的 $Ca(OH)_2$ 发生二次水化反应后，水化产物以凝胶相为主，避免了大量的 $Ca(OH)_2$ 晶体形成的定向排列，使水泥石的界面结构更合理。

(2) 粉煤灰与矿粉的二次水化反应具有时段分布效应，早期二次水化反应以矿粉为主，而粉煤灰主要起填充作用，粉煤灰的活性较矿粉低，在后期矿粉的量较少的情况下，二次水化反应以粉煤灰为主，这样一前一后的搭配使得水化反应进行得更彻底，水化反应的速率控制得更合理，浆体结构密实性更好，可以有效地减少混凝土中的水分蒸发，从而减少混凝土试件的干燥收缩应变。

(3) 粉煤灰、矿粉中部分未发生二次水化反应的颗粒发挥了微集料效应，起到了抑制基体收缩的作用。

4.6.2 徐变

在大体积混凝土中，徐变可以降低温度应力，减少收缩裂缝，徐变还可以减小应力集中区域峰值，这些都是徐变对结构耐久性有利的方面。然而，徐变可以引起预应力结构的预应力损失，在大跨径桥梁中，徐变导致桥梁挠度的持续增加，严重影响这类结构的使用性和耐久性。混凝土徐变的表观影响因素很多，美国混凝土研究所(American Concrete Institute，ACI)统计过影响混凝土徐变的因素有 20 多种，其中材料本身特性是影响徐变的最主要因素，材料的组成和配合比对徐变都有很大影响。

影响混凝土徐变的关键材料因素如下。

(1) 水胶比与强度的影响：减小水胶比、提高混凝土强度，有利于减小混凝土的徐变。

(2) 矿物掺合料的影响：赵庆新等研究了粉煤灰掺量(12.5%、25%、40%、60%)和水胶比(0.31、0.35、0.40)对高性能混凝土徐变性能的影响。结果表明，对于不同的水胶比，粉煤灰掺量对混凝土徐变的影响规律明显不同。水胶比为 0.31 时，粉煤灰掺量越大，其抑制混凝土徐变的能力越强；但是当水胶比为 0.40 时，混凝土的徐变度随粉煤灰掺量的增加先减小后增大。欧阳华林等的研究表明在胶凝材料用量一定、水胶比相近的情况下，水泥用量越低，矿渣和粉煤灰掺量之和越大，高性能混凝土的徐变值越小。

掺合料对混凝土徐变的作用主要是掺合料的微集料效应改善了混凝土内部的孔结构，降低了孔隙率，使毛细管通道阻力增大，进而提高了混凝土抵抗变形的能力，降低了混凝土的徐变。赵庆新等的研究得出水化产物数量不是决定粉煤灰混凝土徐变的唯一因素。对于高性能混凝土，由于水胶比较低，水泥石内部未反应胶凝材料颗粒较多，胶凝材料体系中颗粒的弹性模量影响混凝土的弹性模量，即影响混凝土的收缩徐变。

(3) 集料的性质和含量：集料对混凝土的徐变起限制作用，集料的性质和含量对混凝土的徐变影响非常显著，集料的弹性模量越高对徐变的约束越大。因此，适当减小砂率、增加粗骨料用量是减小混凝土徐变的有效技术措施。水胶比相同的混凝土，其胶凝材料用量越多，徐变越大。除材料本身的组成和亚微观结构会对徐变产生显著影响外，许多非材料因素也会影响混凝土的徐变。这些因素主要包括加载龄期、持载时间、加载历史、环境的相对湿度、温度、试件的尺寸和应力水平等。

本研究是在实桥既定原材料条件下，对比研究不同矿物掺合料掺量的混凝土配合比的徐变。国家标准规定的徐变试验龄期为 28d。根据我国的工程实际情况，在最为关注徐变问题的一些大型预应力钢筋混凝土结构中，预应力钢筋的张拉多在混凝土成型 5～7d 后初张或完成，因此从这个角度，加载龄期选择 5～7d 比较合理。综合考虑这些因素，本研究加载龄期选定为接近工程实际的 7d。

表 4-18 是 3 个配合比试样的徐变性能试验结果，表 4-19 是徐变系数计算结果。图 4-5 和图 4-6 分别是徐变度和徐变系数随持荷时间的变化曲线。徐变发展总体趋势与干缩率基本相同，28d 加载龄期前是迅速增长阶段，随着龄期的增加，混凝土徐变发展变缓，目前 56d 结果还未趋于稳定。本研究主要考虑到后张法预应力混凝土需要进行张拉，综合早强、抗裂和耐久性要求，其矿物掺合料总掺量在 30% 以内，通过图 4-5 和图 4-6 可以看出，随着龄期增长，X2 组（粉煤灰 15%＋矿粉 15%）的徐变性能要好于 X3（粉煤灰 10%＋矿粉 15%）和 X7（粉煤灰 10%＋矿粉 10%）两个配合比，因此在一定掺量范围内矿物掺合料掺量增大，对减小混凝土的徐变有利。

表 4-18　混凝土徐变性能试验结果（徐变度（C_t））

编号	持荷时间 t/徐变度 C_t（$\times 10^{-6}$/MPa）										
	1d	3d	7d	14d	28d	56d	90d	120d	150d	180d	360d
X2	3.4	5.1	7.7	9.8	11.4	14.2	—	—	—	—	—
X3	3.6	5.7	8.2	10.3	12.6	15.5	—	—	—	—	—
X7	4.2	6.2	9.3	10.9	13.8	16.1	—	—	—	—	—

表 4-19　混凝土徐变系数 φ_{ct} 计算结果

编号	持荷时间 t/φ_{ct}										
	1d	3d	7d	14d	28d	56d	90d	120d	150d	180d	360d
X2	0.23	0.34	0.51	0.65	0.76	0.95	—	—	—	—	—
X3	0.24	0.38	0.55	0.69	0.84	1.03	—	—	—	—	—
X7	0.28	0.41	0.62	0.73	0.92	1.07	—	—	—	—	—

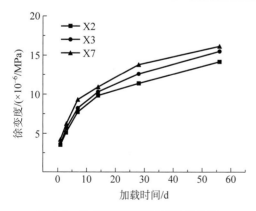

图 4-5　徐变度随持荷时间发展规律

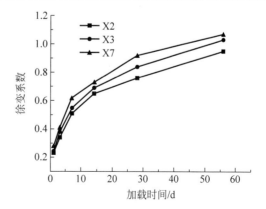

图 4-6　徐变系数随持荷时间发展规律

4.7 混凝土耐久性试验

4.7.1 抗氯离子渗透性(电通量法)和抗碳化法

根据表 4-20 电通量试验结果可知：

(1) 各试样电通量均随混凝土养护龄期的增长而降低，3 个试样的 28d 电通量介于 100~1000C，氯离子渗透性等级评价为很低。

(2) 3 组试样相比，相同龄期的电通量 X2＜X3＜X7，说明增加粉煤灰和矿粉掺量可以提高混凝土的抗氯离子渗透性能，且矿粉对抗氯离子渗透性能的改善效果优于粉煤灰。表 4-20 给出了 3 组试样经养护 7d 后经不同碳化时间的碳化深度，在标准碳化条件下碳化 28d，其量纲相当于大气条件下碳化 50 年。由表 4-20 可以看出，在室内快速碳化试验中，碳化程度都较小，均具有十分优良的抗碳化腐蚀能力。相比而言，抗碳化性能 X3＞X2＞X7。《高性能混凝土应用技术规程》(CECS 207—2006)说明，如果混凝土的水胶比不大于 0.38，可不考虑混凝土结构的碳化问题。

本研究中的超宽箱梁高性能混凝土水胶比为 0.30 左右，按照上述试验结果和文献所述，不会存在碳化而引起的钢筋锈蚀问题的。

表 4-20　混凝土抗氯离子渗透性与抗碳化性能试验结果

编号	6h 电通量 Q/C		抗氯离子渗透性等级评定	碳化深度/mm				抗碳化性能等级评定
	28d	56d		3d	7d	14d	28d	
X2	635	312	Q-V	0	0	1.0	2.5	T-IV
X3	703	389	Q-V	0	0	0.5	2.0	T-IV
X7	738	434	Q-V	0	0.5	1.5	3.0	T-IV

4.7.2 抗硫酸盐侵蚀性能

表 4-21 给出箱梁 3 个配合比混凝土在干湿循环-硫酸盐侵蚀和标准养护条件下的抗压强度对比。图 4-7 给出混凝土试件抗压强度耐蚀系数随干湿循环-硫酸盐侵蚀循环次数的变化。由图 4-7 可知，3 个配合比的混凝土在侵蚀过程中的抗压强度变化均呈现先增大后减小的相同趋势，可以分为侵蚀前期的性能强化和后期的性能劣化两个阶段，在侵蚀次数 $n=60$ 次时，各组混凝土的抗压强度耐蚀系数达到峰值，之后开始逐渐下降。侵蚀前期，由于 SO_4^{2-} 扩散进入混凝土内部与水泥水化产物进行反应，生成的钙矾石侵蚀产物填充了混凝土毛细孔隙，使其更加致密，同时胶凝材料继续水化，有利于混凝土强度的增加；侵蚀后期，当水泥石致密结构形成后，混凝土内部孔隙减少，SO_4^{2-} 进入混凝土内部生成的钙矾石或者石膏产物，在干湿循环作用下发生结晶甚至出现硫酸钠自结晶，盐结晶产生的结晶压力压迫混凝土内部的毛细孔壁，从而促进微裂纹的形成、扩展，使得混凝土的性能劣化。因此侵蚀后期，混凝土的抗压强度明显降低。

对比 150 次干湿循环侵蚀的各组混凝土的抗压强度耐蚀系数可以发现：各组混凝土的抗硫酸盐耐蚀系数均高于 KS150 级破坏时的耐蚀系数，且 X2＞X3＞X7。这说明在一定掺量范围内,粉煤灰与矿粉掺量越高,混凝土的抗硫酸盐侵蚀性能越优。

表 4-21 混凝土在干湿循环-硫酸盐侵蚀和标准养护条件下的各龄期抗压强度　　MPa

编号	养护方式	30次	60次	90次	120次	150次
X2	干湿循环-硫酸盐侵蚀	83.4	87.0	82.8	77.7	74.7
	标准养护	77.2	79.8	81.2	83.5	83.9
X3	干湿循环-硫酸盐侵蚀	79.6	81.4	77.3	72.4	67.5
	标准养护	75.8	77.5	78.9	79.6	80.3
X7	干湿循环-硫酸盐侵蚀	81.2	84.5	80.1	70.9	65.5
	标准养护	76.6	78.2	79.3	79.7	79.9

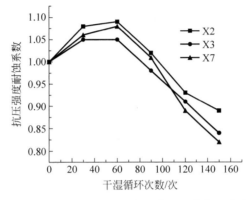

图 4-7　混凝土在干湿循环-硫酸盐侵蚀作用下的抗压强度耐蚀系数

4.7.3　抗冻性

混凝土抗冻等级(快速冻融法)的评判标准是:混凝土抗冻等级以相对动弹性模量下降至不低于60%或者质量损失率不超过5%时的最大冻融循环次数来确定。根据图4-8箱梁混凝土初选的3个配合比的抗冻试验结果可知,快速冻融到300次循环时,3个配合比混凝

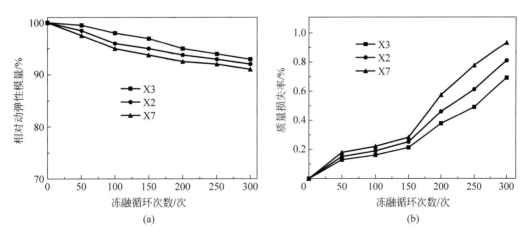

图 4-8　混凝土抗冻融试验结果
(a) 相对动弹性模量-冻融循环次数曲线;(b) 质量损失率-冻融循环次数曲线

土的质量损失在 0.69%～0.93%,相对动弹性模量在 91%～93%,因此上述 3 组试样的抗冻等级均超过 F300,对比 3 个配合比的相对动弹性模量值可以发现,3 组配合比的抗冻性能高低顺序依次为 X3＞X2＞X7。依据《公路工程混凝土结构耐久性设计规范》(JTG/TB 3310—2019),混凝土抗冻耐久性指数 DF 为 300 次快速冻融循环后的动弹性模量与初始值的比值。如在 300 次冻融循环以前,试件的动弹性模量已降到初始值的 60% 以下或质量损失超过 5%,则以此时的循环次数 N 值计算 DF 值,并取 DF＝(N/300)×0.6。根据图 4-8 结果可知,X2、X3、X7 的 DF 值分别为 93%、92%、91%,远远超过微冻地区设计基准期 100 年的混凝土抗冻耐久性指数 DF≥60% 的要求。

4.8 混凝土微观结构分析

4.8.1 水泥-粉煤灰-矿粉复合胶凝浆体的化学结合水

采用测定浆体化学结合水量的方法来研究水化程度。试验制备了两组胶凝材料水化的净浆试样,分别为纯水泥浆体与 70% 水泥＋15% 粉煤灰＋15% 矿粉的胶凝材料浆体,浆体的水胶比固定为 0.295,减水剂掺量 0.8%。化学结合水量的测定采用烧失量法。具体步骤如下。

(1) 将养护至规定龄期的硬化水泥浆体压碎后,浸于无水乙醇中终止水化。

(2) 在无水乙醇中研磨至全部通过 0.08mm 方孔筛,用快速滤纸过滤,再用乙醇、丙酮先后洗涤 2 次。

(3) 在预先放置苏打石灰的真空干燥箱中,于气压 13 332～21 332Pa、温度 60℃ 下真空干燥 6h。

(4) 经过上述干燥处理的试样置于高温炉中升温至 950℃,灼烧至质量恒定,按式(4-6)计算硬化浆体的化学结合水含量:

$$x = \left(\frac{m_1 - m_2}{m_2} - \frac{L}{1-L} \right) \times 100\% \tag{4-6}$$

式中:x——硬化浆体某一龄期化学结合水含量,%;

m_1——干燥硬化浆体灼烧前试样质量,g;

m_2——干燥硬化浆体灼烧后试样质量,g;

L——复合胶凝材料的烧失量。

表 4-22 为纯水泥浆体与 70% 水泥＋15% 粉煤灰＋15% 矿粉复合胶凝材料浆体的化学结合水含量测定结果。由表 4-22 可知,浆体的化学结合水含量随着水化龄期的增加而增加,显示水泥的水化程度随养护龄期的延长逐步增加。对比发现,纯水泥浆体在 1～7d 龄期其化学结合水均大于 70% 水泥＋15% 粉煤灰＋15% 矿粉复合胶凝材料浆体,但水化到 28d 龄期时,后者化学结合水含量则开始超过纯水泥硬化浆体的化学结合水含量,且后者的化学结合水含量在 28～56d 龄期一直在增长,这也是复掺 15% 粉煤灰与 15% 矿粉的混凝土其后龄期强度增长率较大的主要原因。

通过分析认为是粉煤灰、矿粉的物理稀释和化学活性两方面的作用所致。物理稀释作用是由于粉煤灰、矿粉水化速率较慢,可看作早期不参与水化,导致在水化初期水泥的实际

表 4-22　浆体不同龄期化学结合水含量测试结果　　　　　　　　　　%

胶凝材料组成	化学结合水含量				
	1d	3d	7d	28d	56d
100%水泥	10.53/100	12.61/100	13.23/100	14.51/100	14.51/100
70%水泥+15%粉煤灰+15%矿粉	8.06/76.5	10.26/81.4	12.41/93.8	14.66/101.0	15.89/107.5

水灰比增大,有助于水泥颗粒水化程度的提高。在水化初期,粉煤灰、矿粉的物理稀释作用起主导作用,因而即使掺入较大掺量的粉煤灰、矿粉,体系仍可以维持较为可观的水化速度,水化程度提高,单位水泥的水化产物数量增加,但由于粉煤灰、矿粉取代水泥后稀释了体系中水泥的浓度,水泥水化产物的总数量相应减少,水化的化学结合水含量因为粉煤灰的掺入而降低。随着水化龄期的增加,粉煤灰、矿粉的化学活性作用越来越明显,粉煤灰、矿粉颗粒与 $Ca(OH)_2$ 的化学反应得到加快,生长更多的水化产物,同时还促进了水泥矿物 C_3S、C_3A 的水化,因而化学结合水含量在 28~56d 龄期也可得到增长。

4.8.2　水泥-粉煤灰-矿粉复合胶凝浆体水化产物物相 XRD 分析

采用 D/MAX-AⅢ 型衍射分析仪(XRD)对纯水泥、70%水泥+15%粉煤灰+15%矿粉复合胶凝材料浆体试样进行 XRD 分析。

由图 4-9 可见,对纯水泥浆体而言,各龄期物相主要包括水化产物 $Ca(OH)_2$ 和 AFt 结

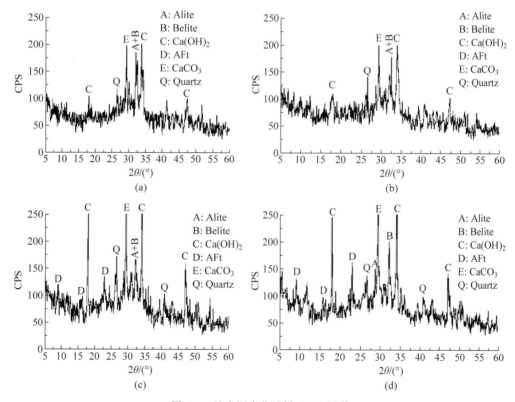

图 4-9　纯水泥水化试样 XRD 图谱
(a) 3d;(b) 7d;(c) 28d;(d) 56d

晶相(C-S-H 凝胶结晶度低,未在 XRD 图谱中标识),未水化水泥熟料矿物 C_3S 和 C_2S,水泥混合材带入的石英、$CaCO_3$(也可能系 $Ca(OH)_2$ 碳化后生成的 $CaCO_3$)。随龄期增长,水泥水化程度相应提高,析出的 $Ca(OH)_2$ 数量增多,C_3S 和 C_2S 衍射峰强度明显降低。对于本试验条件下(水胶比 0.296)制得的纯水泥浆体,到 56d 龄期时,水泥未能完全水化,水化试样中仍存在一定数量的未水化熟料矿物。

由图 4-10 可见,对于复掺 15% 粉煤灰和 15% 矿粉的水泥浆体,早期 $Ca(OH)_2$ 衍射峰强度较高,随着龄期的增长,$Ca(OH)_2$ 衍射峰强度降低,即 $Ca(OH)_2$ 含量下降,同时有 AFt 出现,说明粉煤灰与矿粉后期发生了水化反应。这是因为随着龄期的增长,粉煤灰、矿粉的化学反应能力增强,粉煤灰、矿粉中的 $\alpha\text{-}SiO_2$、$\alpha\text{-}Al_2O_3$ 活性矿物与 $Ca(OH)_2$ 发生水化反应,消耗了 $Ca(OH)_2$,$Ca(OH)_2$ 的消耗又促进了水泥的进一步水化,导致 C_3S 和 C_2S 衍射峰强度降低。$Ca(OH)_2$ 晶体是混凝土基体中的受力薄弱点,因此,浆体中的 $Ca(OH)_2$ 含量的降低,对混凝土强度和耐化学侵蚀等都是有利的。

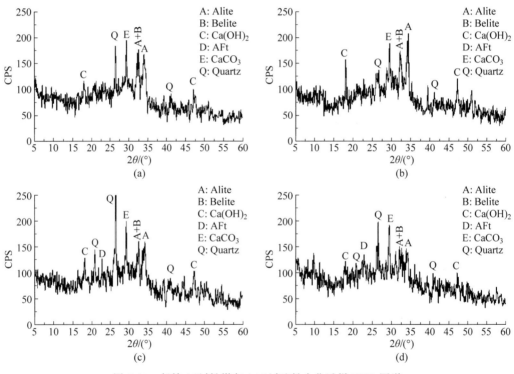

图 4-10 复掺 15% 粉煤灰+15% 矿粉水化试样 XRD 图谱
(a) 3d; (b) 7d; (c) 28d; (d) 56d

4.8.3 水泥-粉煤灰-矿粉复合胶凝浆体微观结构 SEM 分析

用纯水泥、70% 水泥+15% 粉煤灰+15% 矿粉在同等水胶比 0.295 下制备净浆,用 20mm×20mm×80mm 的模具成型,标准养护 3d、28d、56d 后,取出试件并剖断,经过抽真空和喷金处理后,用 SX-40 型扫描电子显微镜观察剖断面及其水化产物形貌。由图 4-11 纯水泥浆体的显微形貌可见,3d 龄期时,存在大量絮状 C-S-H 凝胶、六角片状 $Ca(OH)_2$ 晶体和针状 AFt 晶体,以及部分未水化的水泥颗粒,水化产物之间相互搭接,但结构比较松散;

28d 龄期时，C-S-H 凝胶明显增多，未水化水泥颗粒数量减少，同时出现 $Ca(OH)_2$ 的规则与不规则颗粒，浆体结构较为密实；到 56d 龄期时，未水化水泥颗粒数量进一步减少，有大量尺寸较大的叠片状 $Ca(OH)_2$ 存在，整个浆体结构完整、密实。

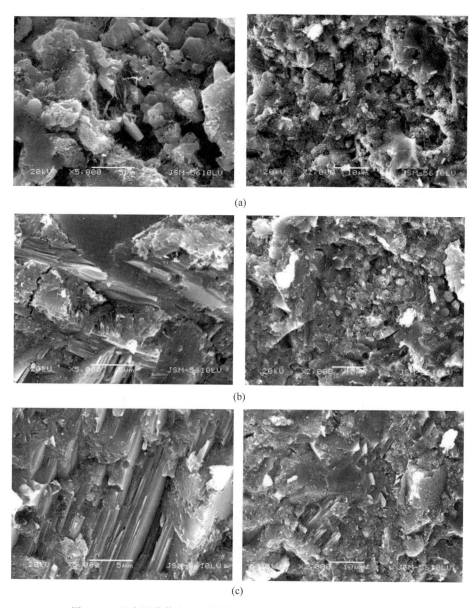

图 4-11 纯水泥浆体在不同龄期的 SEM 图片（武汉理工大学提供）
(a) 3d；(b) 28d；(c) 56d

由图 4-12 可见，3d 水化时，矿粉颗粒和粉煤灰颗粒表面并未水化，由于颗粒较小的粉煤灰和矿粉对水泥的物理填充作用，其浆体结构较为致密。随着养护延长，促进了硅酸盐水泥的水化和粉煤灰的火山灰反应，粉煤灰颗粒表面的反应物层明显加厚，$Ca(OH)_2$ 量较少，浆体结构变得越来越致密。

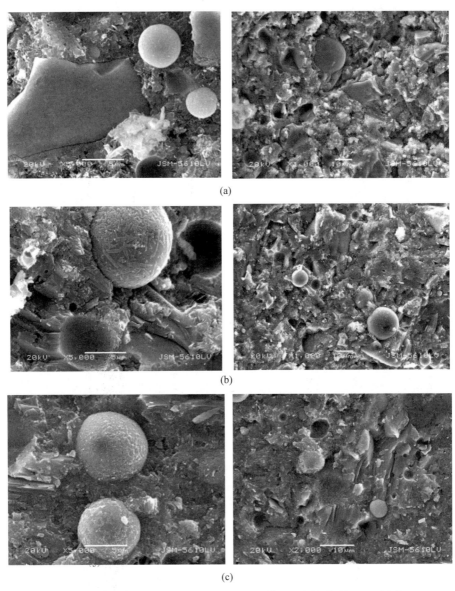

图 4-12 水泥＋粉煤灰＋矿粉复合胶凝浆体在不同龄期的 SEM 图片

(a) 3d；(b) 28d；(c) 56d

4.9 北边跨箱梁混凝土施工质量控制技术要点

4.9.1 混凝土原材料主控指标

1. 水泥

(1) 52.5 级普通硅酸盐水泥(P·O)的比表面积≤380m²/kg；水泥中的游离氧化钙含量≤1.5%，碱含量(按 Na_2O 当量计)≤0.6%，Cl^- 含量≤0.03%；熟料中 C_3A 含量≤8%。

(2) 水泥进场温度不宜高于 70℃，进入混凝土搅拌机的水泥温度不宜大于 60℃。

2. 矿物掺合料

(1) 矿物掺合料品种为粉煤灰、磨细矿渣粉二者的复合，掺合料必须品质稳定、来料均匀、来源固定。

(2) 粉煤灰应选择各项性能指标稳定且符合《用于水泥和混凝土中的粉煤灰》(GB/T 1596—2017)规定的 F 类 I 级粉煤灰，不得采用 C 类粉煤灰和磨细粉煤灰。

(3) 磨细矿渣粉应选择比表面积在 350~500m²/kg 的 S95 级粒化高炉矿渣粉，其指标应符合现行国际标准《用于水泥、砂浆和混凝土中的粒化高炉矿渣粉》(GB/T 18046—2017)的技术要求。

3. 骨料

(1) 质地均匀坚硬、粒形和级配良好、空隙率低、表面洁净、吸水率小、含泥量低。

(2) 碎石公称粒级应为 4.75~19mm，且宜按 4.75~9.5mm 和 9.5~19mm 两级分级采购、分级储存、分级运输、分级计量。级配后的碎石松堆密度≥1500kg/m³，松堆空隙率≤45%。

(3) 碎石的压碎值≤18%，针片状颗粒含量≤5%，含泥量≤0.5%，泥块含量≤0.2%，硫化物及硫酸盐含量(折算成 SO_3)≤0.5%，吸水率≤1.5%。碎石用母岩的饱水抗压强度≥90MPa。碎石不应具有潜在碱活性。

(4) 河砂的颗粒级配应满足第 2 级配区要求，细度模数宜为 2.5~3.0。河砂级配中大于 4.75mm 颗粒含量不宜超过 5%，通过 0.3mm 筛孔的数量不宜少于 15%。

(5) 河砂的含泥量≤1.0%，泥块含量≤0.5%，云母含量≤0.5%，轻物质含量≤0.5%，硫化物及硫酸盐含量(折算成 SO_3)≤0.5%，吸水率≤1.5%。河砂不应具有潜在碱活性。

4. 减水剂

(1) 使用超分散(高减水率)且具有良好保坍性和一定减缩功能的缓凝型聚羧酸高性能减水剂，以推迟和削减水化热温峰、减少分层施工冷缝、降低收缩徐变等。所选减水剂与所用水泥、矿物掺合料和骨料之间应有良好的相容性。

(2) 聚羧酸高性能减水剂的性能应满足《混凝土外加剂》(GB 8076—2008)的技术要求，减水率应在 28%以上；确定用于施工的减水剂，配制出的箱梁混凝土拌和物坍落度 1h 经时变化量不应超过 20mm，含气量(入模时)不应大于 3.0%。

(3) 聚羧酸高性能减水剂的缓凝时间应根据施工工艺、浇筑量大小、浇筑季节温度、温控防裂要求，在供货时具体规定，减水剂出厂时预先调配好。

5. 水

混凝土拌和用水和养护用水应无色无味，并应符合《混凝土用水标准》(JGJ 63—2006)的规定。当采用饮用水作为混凝土用水时可不检验。

4.9.2 混凝土拌和生产与运输

单个预制混凝土箱梁节段混凝土最大用量 534.352m³(K 类梁段)，最小用量 283.111m³(I 类梁段)。混凝土可采用 1 座 180 混凝土拌和站供应(实际生产能力 60m³/h)、4 辆 8~12m³/辆罐车运输，2 台 46m 汽车泵泵送入模。混凝土浇筑施工时间 5~9h。

施工单位现配有 2 座 180 混凝土拌和站,采用其中一座 180 混凝土拌和站(配 3m³ 搅拌机),按纯拌和时间 120s 并考虑 45s 左右的配料、卸料时间进行计算,1 台 180 混凝土实际拌和能力约为 65m³/h,完全可以满足要求。

混凝土采用罐车运送到预制场,采用汽车泵泵送入模。

4.9.3 混凝土浇筑质量控制

1. 混凝土浇筑顺序

每节段箱梁混凝土浇筑采用 2 台汽车泵和 2 台梁面布料机泵送入模,从横桥由两边向中间同步对称浇筑,横断面上混凝土浇筑顺序为:水平底板→斜底板→横隔板、腹板、风嘴→顶板。

水平底板浇筑时,应先浇筑两边腹板位置,后底板中部位置;腹板混凝土应尽量对称浇筑,控制两腹板浇筑高差在 50cm 以内,以防内模移位;顶板、翼板混凝土从翼板边和顶板中心向腹板位置浇筑,最后在腹板位置合龙,整个断面一次成型。

2. 混凝土布料

为方便施工,箱梁顶面位置宜设置 2 台梁面布料机布料(或 2 条输送泵管道配软管布料),方便入模。

(1) 底板和腹板混凝土利用串筒卸落,控制自由卸落高度不大于 2m。底板布料时,箱内与箱外人员配合布料,以保证振捣到位又防止因布料问题而导致翻浆。为避免箱梁内模上浮、保证底板混凝土密实度,内模不封底。底板混凝土浇筑时,应严格控制混凝土的浇筑量,避免梁段出现超重现象。

(2) 腹板应控制混凝土每层浇筑厚度 30~40cm,并控制上下两层混凝土浇筑间隔时间在 2h 以内。

(3) 风嘴块体索管锚块处钢筋密集,空间小,混凝土施工质量要求高。通过在该处设置 PVC 溜管集中布料点,保证混凝土布料充分进入锚块。

(4) 混凝土浇筑时,根据不同部位调整混凝土拌和物的工作性能,施工过程中将混凝土坍落度实际控制在 210~230mm,扩展度在 490~550mm,当施工到箱梁顶板时,混凝土的坍落度/扩展度均应取低值。

(5) 布料软管必须布置在内模侧进行混凝土布料,防止布料时混凝土从外侧模板流淌而污染外模影响混凝土外观。

3. 振捣工艺

(1) 混凝土浇筑前进行岗位培训和技术交底,混凝土振捣操作人员固定,专人负责,划分振捣区域,明确责任,加强振捣人员责任心,保证混凝土的振捣质量,防止漏振、欠振或过振。

(2) 混凝土振捣时,插点应布置均匀,采用 $\phi 50$ 插入式振捣棒振捣,按不大于 50cm 间距布置;振捣棒与模板保持 5~10cm 距离,每层混凝土振捣插入下层 5~10cm。

(3) 振捣遵循"快插慢拔"的原则,振捣时应将棒上下略有抽动。对每一部位的振动时间不能过长或过短,振动到该部位的混凝土停止下沉,不再冒出气泡,表面呈现平坦、泛浮浆为止,拔出振动器时要慢,不能留有孔洞。

(4) 箱梁风嘴处斜面外模为阴面模板,混凝土气泡很难引出。施工过程中,利用钢筋网和索管之间 4 个角的空间,斜向设置 4 根钢管引导 $\phi 30$ 振捣棒深入锚块进行振捣,以促进该处混凝土气泡的排出,并随着浇筑高度逐步提升钢管和振捣棒,保证锚块混凝土的密实。

(5) 在浇筑顶板混凝土时,由于箱梁顶面设有横坡,故施工时应设置标高控制标志。并在完成一段顶板浇筑后,采用振动梁整平,确保箱梁顶面标高和平整度符合设计要求。振捣时,应随时测量,以保证横向坡度。

(6) 对箱梁腹板(隔板)与底板及顶板连接处的倒角,预应力筋锚固区以及其他钢筋密集部位要特别注意振捣。

(7) 浇筑腹板混凝土前,加宽内侧模板的压角长度,并用型钢和钢筋将其与底板钢筋固定,防止混凝土上翻。

(8) 严禁将开启的振捣棒置于布料管下料位置驱赶混凝土,以防混凝土离析,造成石子与砂浆分布不匀。

混凝土振捣时,应避免振捣棒碰撞模板板面,以免混凝土面局部形成"白斑"印迹而影响梁底和梁侧的外观质量;还应避免振动器碰撞预应力管道、预埋件等,并应安排专人检查模板、管道、锚固端垫板及支座预埋件等,以保证其位置及尺寸符合设计要求。

4.10 混凝土养护及拆模

4.10.1 混凝土自然养护

(1) 常温季节自然养护:当环境温度高于 5℃,宜采用自然养护(保湿养护)方式。箱梁顶面混凝土浇筑完成,立即用塑料薄膜进行覆盖养护,终凝后换作覆盖土工布定时喷淋或专人晒水养护。斜底板、腹板侧、风嘴外侧有模板覆盖时,应在养护期间使模板保持湿润,拆模后采用喷淋装置进行定时喷淋养护。每天洒水或喷淋的次数以保证混凝土表面在养护期间始终处于湿润状态为准。尤其是夏季温度高,水分蒸发快,应加大保湿养护的工作力度和检查工作。箱室内腔底板采用蓄水养护,内腔侧壁在模板拆除后人工洒水养护,梁端截面采用彩条布、帆布悬挂遮盖,使腔内形成湿热养护环境。在任意养护时间,若淋注于混凝土表面的养护水温度低于混凝土表面温度,两者温差不得大于 15℃。

(2) 冬季保温养护:当环境温度低于 5℃时,养护工作以保温为主,不得对混凝土表面进行晒水养护。模板上嵌泡沫板,减少热量散发;箱梁顶面采用塑料薄膜保湿与双层土工布覆盖保温联合养护,并覆盖彩条布防雨;拆模后的箱梁风嘴、斜底板、腹板、隔板和底板外露部分喷涂养护剂,并采用彩条布或保温帆布包裹梁体进行防风保温;箱梁梁端截面悬挂帆布遮盖防风,使腔内形成湿热养护环境。

(3) 养护时间:混凝土浇筑完毕后的持续湿养护时间宜满足表 4-23 的要求,在养护期内始终保持湿润状态,不得形成干湿循环。

表 4-23 箱梁混凝土持续养护的最低期限

	日平均气温 T/℃	$T \geqslant 20$	$10 \leqslant T < 20$	$5 \leqslant T < 10$	$T < 5$
湿养护期限/d	大气潮湿($RH \geqslant 50\%$),无风、无阳光直射	7	10	14	21
	大气干燥($20\% \leqslant RH < 50\%$),有风或阳光直射	10	14	21	28

RH:相对湿度。

4.10.2 混凝土蒸汽养护

冬季施工(当昼夜平均气温低于5℃或最低气温低于-3℃时),宜采用蒸汽养护以加快模板周转。

(1)蒸汽养护分静停、升温、恒温、降温4个阶段。静停期间保持棚温不低于5℃,浇筑完5h后蒸汽开始升温,升温速度控制在10℃/h以内,恒温阶段蒸汽温度不宜大于45℃,并且混凝土芯部温度不能超过75℃。恒温阶段蒸养棚内须保持90%~100%的相对湿度,蒸汽在箱梁表面各部位及箱室内外应分散均匀,降温阶段降温速度控制在10℃/h以内。经试压试件,混凝土强度达到30MPa时停止通蒸汽,待混凝土自然冷却后撤除蒸养棚,进入自然养护阶段。

(2)如果工期不紧,建议采用密闭养护棚架蓄热+温度20~25℃的管道蒸汽补热养护。

4.10.3 混凝土拆模

(1)同养混凝土试件强度达到10MPa后,方可进行内模中腹板(隔板)侧模、底板、端头模板以及风嘴处侧模板的拆除。这类拆模较早的混凝土表面,必须注意及时对其进行保湿保温养护。另外,适当延迟外模的拆模时间可保证混凝土内外收缩一致,最大限度地控制混凝土收缩裂缝的产生。

(2)同养混凝土试件强度达到设计等级的75%后,方可拆除内模中顶板底模。同时,斜底板模板因为支撑顶板模板,与顶板模板同步拆除。

4.11 混凝土温控防裂措施

(1)根据鄂东长江公路大桥、九江长江公路大桥边跨宽箱梁混凝土水化热有限元分析结果及10m节段足尺模型水化热温升实测结果(图4-13、图4-14),箱梁各部位中风嘴块体内部温度最高,中腹板块体温度次之,横隔板温度最低。风嘴块体最高温度出现在风嘴块体横断面中部,夏季施工时(入模温度30℃),风嘴块体内部最高温度实测可分别达75.4℃、74.7℃,且风嘴块体的最大内表温差可超过25℃。本箱梁在构造上与鄂东、九江长江公路

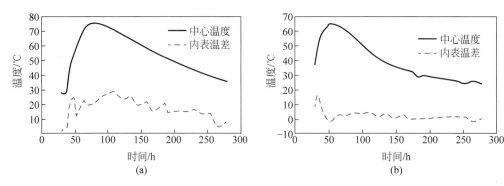

图4-13 鄂东长江公路大桥边跨宽箱梁10m节段足尺模型试验混凝土温度实测结果
(a)风嘴块体;(b)中腹板块体

大桥边跨宽箱梁类似,混凝土水化热温度发展应具有相似性,因此需采取必要的温控措施降低混凝土内部最高温度和内表温差。建议在夏季高温季节,在风嘴处块体实心段设置冷却水管(建议沿纵桥向设置 3～4 层冷却水管),以降低风嘴块体区域内部温度。

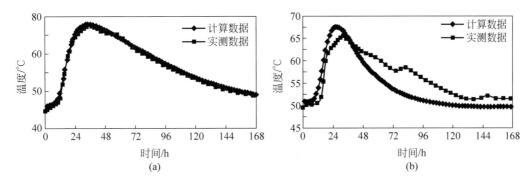

图 4-14　九江长江公路大桥边跨超宽箱梁混凝土 10m 节段足尺模型试验温度实测结果
(a) 风嘴块体;(b) 中腹板块体

(2) 按大体积混凝土施工温控要求,宜控制混凝土的入模温度≤28℃,最高不得超过 30℃。夏季施工时除安排夜间施工外,还应采取如下原材料降温措施:水泥提前生产,在厂家库存放置冷却至料温≤60℃出厂,并在拌和站水泥储罐外搭设遮阳棚、罐外淋水降温;对砂石骨料进行遮阴,拌制前对碎石采用深层江水或冷却水洒水降温,控制砂温≤28℃、石温≤26℃;混凝土拌和用水采用螺杆冷水机组制取的冰水(水温≤5℃)或在拌和用水中加入冰块(加冰量依据环境温度和浇筑温度要求变化,最大加冰量为用水量的 50%),水箱采用棉被包裹隔热;对混凝土运输罐车筒体进行遮盖和反复淋水降温等。

(3) 加强混凝土表面的保湿保温养护,始终保持养护期混凝土表面湿润,控制混凝土芯部温度和表面温度之差、表面温度与环境温度之差均不大于 20℃。

4.12　预应力张拉工序分析

箱梁内设置横、纵、竖三向预应力。根据设计要求,分三批对箱梁的预应力进行张拉:

(1) 箱梁预制的张拉:当箱梁混凝土强度达到设计强度的 90% 时,并养生 7d 后,张拉顶板和底板横向预应力钢束以及部分横隔板束和腹板竖向螺纹钢筋,然后才可进行移梁工序。

(2) 箱梁拼装时的张拉:箱梁拼装时,先张拉部分顶、底板纵向钢束,使拼接面环氧树脂在 0.3～0.4MPa 压力下固化,12h 后张拉剩余纵向螺纹钢预应力。

(3) 梁段完成纵向拼装,在挂索前张拉部分横隔板束。

(4) 挂索后张拉剩余的横隔板束。

4.13　结束语

(1) 针对宽箱梁构造复杂、配筋较密及抗裂与耐久性能要求,结合同类型桥梁边跨宽箱梁混凝土工程实践经验,通过胶凝材料组成优化和抗裂性对比试验,设计制备了满足设计和施工要求且具有较低水化热温升、较低收缩徐变的抗裂性 C55 高性能混凝土(编号为 X2 的配合比)。

(2) 推荐用于宽箱梁预制施工的 X2 配合比组成为(kg/m³):P·O 52.5 水泥:Ⅰ级粉煤灰:S95 级矿粉:中粗河砂:5～20mm 碎石:水:缓凝型聚羧酸高性能减水剂＝348:74:74:731:1120:147:6.2。

(3) X2 配合比混凝土拌和物达到的技术指标:初始坍落度/扩展度为 220mm/540mm,60min 保留值为 210mm/510mm,含气量 1.7%,初凝时间约 18h;达到的力学性能指标:3d、7d、28d 抗压强度分别为 55.6MPa、65.7MPa 和 72.5MPa;3d、7d、28d 劈裂抗拉强度分别为 3.52MPa、4.49MPa 和 5.49MPa。另外,X2 配合比在 45℃ 蒸汽养护条件下其强度性能发展良好,适合箱梁构件的蒸汽养护。

(4) 达到的抗裂与变形性能指标为:7d 绝热温升值为 50.5℃,56d 干缩率＜250×10^{-6},56d 徐变度为 14.2×10^{-6}/MPa,抗塑性干燥收缩开裂等级达到 L-Ⅵ。

(5) 设计制备的 C55 抗裂性混凝土具有优异的耐久性。

(6) X2 配合比混凝土 28d 快速碳化试验碳化深度＜5.0mm(T-Ⅳ 等级);56d 电通量＜500C(Q-Ⅴ 等级),氯离子渗透性很低;经历 300 次冻融循环后相对动弹性模量＞60%,质量损失＜5%,抗冻等级超过 F300;抗硫酸盐侵蚀等级＞KS150。

(7) 宽箱梁预制施工中要解决的关键技术问题是在确保浇筑密实和强度基础上,防止有害性结构裂缝的产生,提高构件的外观质量。结合同类型桥梁边跨宽箱梁混凝土工程的实践经验,本研究着重提出宽箱梁混凝土的浇筑顺序、布料方法、振捣方法、养护措施及温控防裂措施的有关建议,并形成宽箱梁 C55 高性能混凝土在原材料选择、混凝土拌和、泵送、浇筑、振捣、养护、拆模等全过程的施工工艺与质量控制技术。

第5章

PK箱梁混凝土温度控制研究

5.1 概述

5.1.1 工程概况

石首长江公路大桥北边跨 PK 箱梁属于大体积混凝土结构,需进行温控设计以避免出现危害结构安全性的有害裂缝。本项目选取 A 型、E 型、M 型三种典型梁型,进行温度仿真计算及温度控制。

(1) A 型梁长 7.5m,宽 38.5m,中心线处梁高 3.822m。顶板厚度 65cm,底板厚度 65cm,斜底板厚度 60cm,内腹板厚度 105cm(图 5-1)。

(2) E 型梁长 5m,宽 35.5m,中心线处梁高 3.822m。E 型梁段顶板厚度 85cm,底板厚度 80cm,斜底板厚度 80cm,内腹板厚度 175cm。设有一道横隔板,横隔板厚度为 2.5m(图 5-2)。

(3) M 型梁长 5m,宽 35.5m,中心线处梁高 3.822m。E 型梁段顶板厚度 55cm,底板厚度 55cm,斜底板厚度 55cm,内腹板厚度 85cm。设有一道横隔板,横隔板厚度为 2.5m(图 5-3)。

5.1.2 抗裂重点及难点

(1) 箱梁混凝土强度等级 C55,绝热温升高,混凝土温升很难控制,控制不当时极易因内表温差大而导致开裂。

(2) 箱梁大部分为空腔结构,受力情况复杂,容易在变截面部位出现应力集中而导致开裂。

(3) A 型梁施工时间为 2018 年 2 月,气温较低,属于低温期施工,外表面保温较难控制,内表温差控制难度大,需采取一定的保温措施。

(4) E 型梁、M 型梁施工时间为 2018 年 7 月下旬,年气温最高时段,混凝土浇筑温度较难控制。

5.1.3 抗裂安全性评价标准

可从两方面对大体积混凝土抗裂安全性进行评价:一方面是特征温度控制值,如入模温度(或浇筑温度)、内部最高温度及内表温差等,可将混凝土温度仿真计算值及后期实测值与相关规范规程的规定值进行对比分析;另一方面是抗裂保证率,可间接通过抗裂安全系数(劈裂抗拉强度试验值与对应龄期温度应力计算最大值之比)的控制标准进行评价。

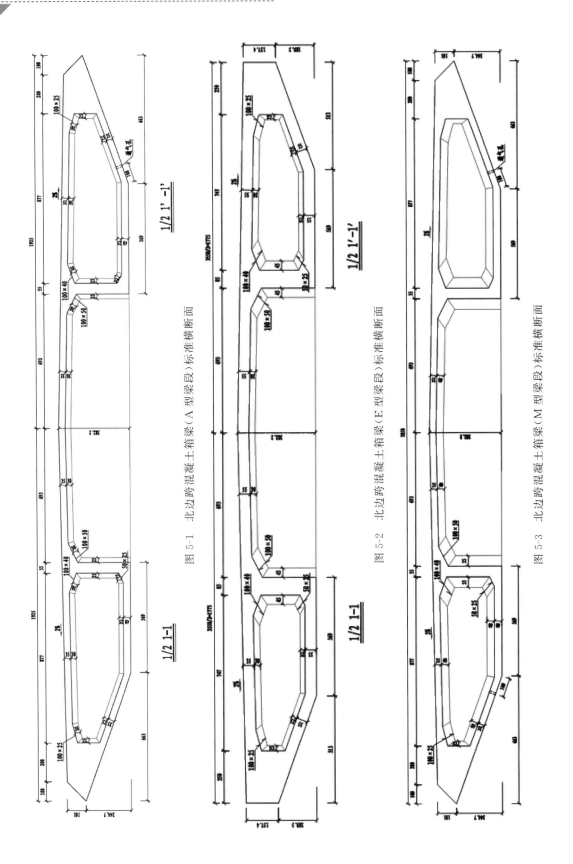

图 5-1 北边跨混凝土箱梁（A 型梁段）标准横断面

图 5-2 北边跨混凝土箱梁（E 型梁段）标准横断面

图 5-3 北边跨混凝土箱梁（M 型梁段）标准横断面

大体积混凝土温度评价指标主要有入模温度、混凝土内部最高温度及混凝土最大内表温差等。

（1）入模温度：根据《公路桥涵施工技术规范》（JTG/T 3650—2011）的规定，大体积混凝土热期施工时，入模温度不宜高于28℃；冬期施工时，入模温度应不低于5℃。因此，本项目对混凝土入模温度的控制值为：≥5℃且≤28℃。

（2）混凝土内部最高温度：根据《公路桥涵施工技术规范》的规定，大体积混凝土内部最高温度不应大于75℃。参考《大体积混凝土施工标准》（GB 50496—2018）的规定，混凝土在入模温度基础上实际温升值不大于50℃。若混凝土浇筑温度为10℃，则内部最高温度不大于60℃；若混凝土浇筑温度为28℃，则内部最高温度不大于78℃。本项目提出对混凝土内部最高温度控制值为：≤75℃。

（3）混凝土最大内表温差：混凝土内部最高温度与同一时刻距表面50mm处的混凝土最低温度之差。根据《公路桥涵施工技术规范》的规定，大体积混凝土内表温差控制在25℃以内。本项目对混凝土内表温差的控制值为：≤25℃。

5.1.4　应力评价标准

《水运工程大体积混凝土温度裂缝控制技术规范》（JTS/T 202-1—2022）统计了20多个大体积混凝土温控工程的开裂情况，认为劈裂抗拉强度与相应龄期计算的温度应力值之比不小于1.4时，开裂概率小于5%；劈裂抗拉强度与相应龄期计算的温度应力值之比不小于1.3时，开裂概率小于15%（图5-4），据此规定了大体积混凝土的温度应力抗裂安全系数应不小于1.4。综合各方面调研结果，建议本工程大体积混凝土温度应力抗裂安全系数取值不小于1.4。

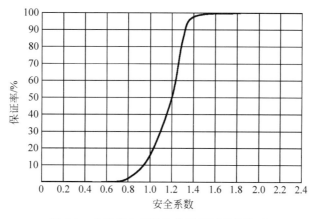

图5-4　抗裂安全系数和抗裂保证率的关系

5.2　A型梁仿真计算

5.2.1　仿真计算资料

1. 模型参数

构件尺寸：A型梁宽38.5m、长7.5m、高3.822m。

约束条件：受内部对称约束。

分层分块：一次浇筑成型。

根据结构对称性对箱梁混凝土的 1/4 进行建模，如图 5-5 所示。

图 5-5　A 型梁混凝土 1/4 网格剖分

2. 混凝土配合比及性能

A 型梁温控计算依据的 C55 混凝土配合比设计见表 5-1；其力学性能见表 5-2；物理热学参数根据配合比进行计算并参考工程经验取值，见表 5-3。

表 5-1　A 型梁混凝土配合比

P·O 52.5 水泥/(kg/m³)	Ⅰ级粉煤灰/(kg/m³)	S95 级矿粉/(kg/m³)	水/(kg/m³)	河砂/(kg/m³)	5～20mm 碎石/(kg/m³)	缓凝型聚羧酸高性能减水剂/%
284	118	71	144	741	1136	1.1

表 5-2　A 型梁混凝土配合比力学性能结果　　　　MPa

强度等级	抗压强度实测值				28d 抗压弹性模量	劈裂抗拉强度取值				
	3d	7d	28d	56d		1d	3d	7d	28d	56d
C55	48.0	54.3	67.8	74.4	4.65×10^4	1.5	2.6	3.1	3.4	3.8

表 5-3　A 型梁混凝土物理热学参数

物理特性	比热容/[kJ/(kg·℃)]	密度/(kg/m³)	导热系数/[kJ/(m·h·℃)]	最终绝热温升计算值/℃	热膨胀系数/(10^{-6}/℃)
箱梁 C55	0.92	2494	9.1	52.5	10.0

其中：考虑混凝土收缩徐变，C55 混凝土收缩徐变根据 Midas/FEA 中的《公路钢筋混凝土及预应力混凝土桥涵设计规范》(JTG 3362—2018)进行计算。

混凝土比热容、导热系数根据《大体积混凝土温度应力与温度控制》[①]2.4 节"混凝土的热学性能"进行计算。

混凝土最终绝热温升根据《水运工程大体积混凝土温度裂缝控制技术规范》(JTS/T

---

① 朱伯芳著，中国电力工业出版社。

202-1—2022)附录 B 进行计算。

3. 边界条件

A 型梁大体积混凝土浇筑边界条件如表 5-4 所示。其中：

(1) 入模温度：根据 5.1.3 节(1)要求，考虑施工季节并结合其他相关工程实际，本项目对混凝土入模温度的控制值为≥5℃且≤14℃。

(2) 环境温度：施工季节为 2 月，为冬季施工，养护环境为梁体整体覆盖帆布，内部通蒸汽发生器产生的蒸汽，考虑到蒸养温度较高，蒸养环境温度取为(28±3)℃。

(3) 养护方法：帆布整体覆盖，帆布里面通蒸汽。

(4) 模板材质：内、外模采用钢模。等效散热系数根据《大体积混凝土温度应力与温度控制》一书中式(2-3-4)、式(2-3-5)进行计算。本工程的计算取风速为 4m/s，钢模等效表面散热系数取为 75kJ/(m^2·h·℃)。

表 5-4　A 型梁大体积混凝土边界条件

模板材质	养护环境温度/℃	入模温度/℃	养护方法	冷却水布设
钢模	28±3	14	棚布整体覆盖，顶面覆盖彩条布，棚布内通蒸汽	不布设

5.2.2　仿真计算结果

1. 温度计算结果

基于以上工况进行计算，A 型梁混凝土内部最高温度及最大内表温差结果见表 5-5，混凝土内部最高温度及内表温差均满足制定的温控标准。

表 5-5　混凝土温度计算结果

构件	内部最高温度/℃	最大内表温差/℃	内部最高温度及最大内表温差出现时间
箱梁	66.3	24.9	第 2 天

混凝土内部最高温度云图(图 5-6)，最高温度出现在风嘴部位，需要保温养护降低内表温差。

图 5-6　A 型梁混凝土内部最高温度云图(单位：℃)

彩图 5-6

2. 应力计算结果

基于以上工况进行计算，A 型梁大体积混凝土温度应力计算结果见表 5-6，箱梁各龄期最小抗裂安全系数为 1.42(≥1.4),符合安全系数设计要求。

表 5-6　A 型梁温度应力计算结果

龄期	1d	3d	7d	28d	56d
温度应力/MPa	1.06	1.85	0.62	1.15	1.14
抗裂安全系数	1.42	1.43	5.0	2.96	3.33

混凝土各层各龄期应力场分布见图 5-7。可以看出,应力场发展规律为:

(1) 早期应力集中于箱梁风嘴侧面、顶面和侧面交界部位,主要由内表温差引起,早期需要注意内表温差的控制。

(2) 后期应力集中于实心部位的中心,由混凝土降温和干缩引起,随着龄期增长逐渐增大,后期需要注意养护减少干缩。

彩图 5-7

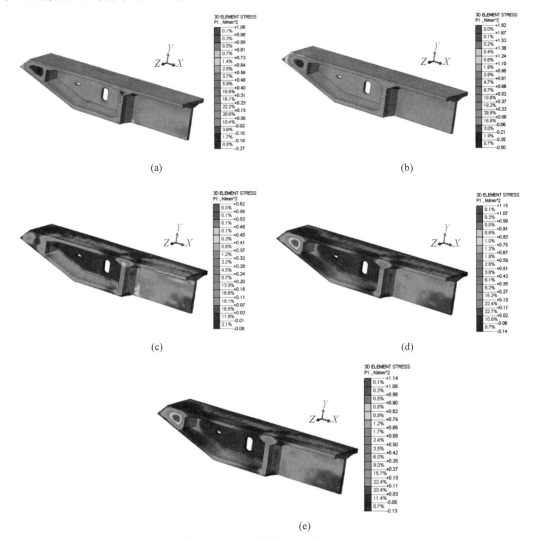

图 5-7　A 型梁混凝土应力场分布图

(a) 1d 应力场；(b) 3d 应力场；(c) 7d 应力场；(d) 28d 应力场；(e) 56d 应力场

5.3 E型梁仿真计算

5.3.1 仿真计算资料

1. 模型参数

构件尺寸：E型梁宽35.5m、长5.0m、高3.467m。
约束条件：受内部对称约束。
分层分块：一次浇筑成型。
根据结构对称性对箱梁混凝土的1/4进行建模，如图5-8所示。

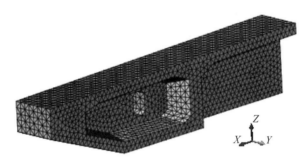

图5-8 E型梁混凝土1/4网格剖分图

2. 混凝土配合比及性能

E型梁温控计算时依据的C55混凝土配合比设计见表5-7，混凝土力学性能见表5-8，混凝土物理热学参数根据配合比进行计算并参考工程经验取值，见表5-9。

表5-7 E型梁混凝土配合比

P·O 52.5 水泥 /(kg/m³)	I级粉煤灰 /(kg/m³)	S95级矿粉 /(kg/m³)	水 /(kg/m³)	河砂 /(kg/m³)	5~20mm 碎石/(kg/m³)	缓凝型聚羧酸 高性能减水剂/%
307	95	71	144	741	1134	1.2

注：碎石的级配比例调整为(4.75~9.5mm):(9.5~19mm)=2:8。

表5-8 E型梁混凝土力学性能结果　　　　　　　　　　　　　　MPa

强度等级	抗压强度实测值				28d抗压弹性模量	劈裂抗拉强度取值				
	3d	7d	28d	56d		1d	3d	7d	28d	56d
C55	47.6	61.4	68.4	73.3	4.6×10^4	1.6	2.8	3.2	3.6	4.0

表5-9 E型梁混凝土物理热学参数

物理特性	比热容 /[kJ/(kg·℃)]	密度 /(kg/m³)	导热系数/[kJ/ (m·h·℃)]	最终绝热温升计算值/℃	热膨胀系数 /(10^{-6}/℃)
箱梁 C55	0.93	2496	9.1	54.0	10.0

3. 边界条件

箱梁大体积混凝土浇筑边界条件如表 5-10 所示,其中:

入模温度:中高温期施工时混凝土入模控制为≤28℃,仿真计算入模温度取值为28℃。

模板材质:外模采用钢模,内模采用木模。等效散热系数根据《大体积混凝土温度应力与温度控制》中式(2-3-4)、式(2-3-5)进行计算。本工程的计算取风速为 4m/s,钢模等效表面散热系数取为 75kJ/(m²·h·℃),木模等效表面散热系数取为 25kJ/(m²·h·℃)。

表 5-10 箱梁大体积混凝土边界条件

模板材质	气温/℃	入模温度/℃	养护方法	冷却水布设(水平管间距×竖直管间距)
钢模+木模	28±3	28	帆布整体覆盖,帆布里面喷雾	100cm×100cm

5.3.2 仿真计算结果

1. 温度计算结果

基于以上工况进行计算,箱梁混凝土内部最高温度及最大内表温差结果见表 5-11,混凝土内部最高温度及内表温差均满足温控标准。

表 5-11 混凝土温度计算结果

构件	内部最高温度/℃	最大内表温差/℃	内部最高温度及最大内表温差出现时间
箱梁	74.0	24.7	第 2 天

箱梁混凝土内部最高温度云图见图 5-9,最高温度出现在隔板部位,两端头温度较低、温度梯度较大,需通水降低内部温度,同时保温养护降低内表温差。

彩图 5-9

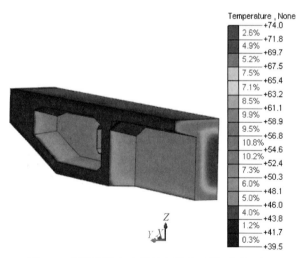

图 5-9 箱梁混凝土内部最高温度云图(单位:℃)

2. 温度应力计算结果

基于以上工况进行计算,箱梁大体积混凝土温度应力计算结果见表 5-12,箱梁各龄期最小抗裂安全系数为 1.44(≥1.4),符合安全系数设计要求。

表 5-12 箱梁温度应力计算结果

龄期	1d	3d	7d	28d	56d
温度应力/MPa	1.09	1.95	1.73	1.35	1.25
抗裂安全系数	1.47	1.44	1.85	2.67	3.20

混凝土各层各龄期应力场分布见图 5-10。可以看出,应力场发展规律为:

(1) 早期应力集中于箱梁顶面与侧面交界部位,主要由内表温差引起,早期需要注意内表温差的控制。

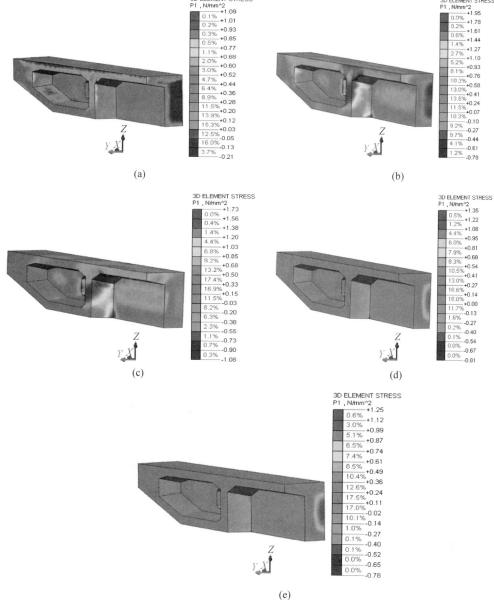

图 5-10 箱梁混凝土应力场分布图
(a) 1d 应力场;(b) 3d 应力场;(c) 7d 应力场;(d) 28d 应力场;(e) 56d 应力场

(2) 后期应力集中于实心部位的中心,由混凝土降温和干缩引起,随着龄期增长逐渐增大,后期需要注意养护,减少干缩。

5.4 温控标准

温度控制的方法和制度需根据气温、混凝土配合比、结构尺寸、约束情况等具体条件确定,并宜设置主控标准进行严格管控,并设置参考标准对混凝土温度发展进行辅助评价。本项目设置浇筑温度、内部最高温度、内表温差及降温速率 4 个主控标准,其他为参考标准。

根据上述仿真计算结果,结合本工程的实际情况,参考《公路桥涵施工技术规范》(JTG/T 3650—2020)、《大体积混凝土施工标准》(GB 50496—2018)和《水运工程大体积混凝土温度裂缝控制技术规范》(JTS/T 202-1—2022)等的相关规定,对箱梁大体积混凝土施工制定的温控标准见表 5-13、表 5-14。

表 5-13 大体积混凝土温控标准主要指标

构件	浇筑温度/℃	内部最高温度/℃	内表温差/℃	降温速率/(℃/d)
A 型梁	≤14	≤70	≤25	≤3.0
E/M 型梁	≤28	≤75	≤25	≤2.0

表 5-14 大体积混凝土温控标准参考指标　　　　　　　　　　　　　　　　℃

构件	冷却水管出水温度与进水温度之差	冷却水温度与混凝土内部温度之差	混凝土表面与大气或与养护环境温度之差	养护水温度与混凝土表面温度之差
E/M 型梁	≤10	≤25	≤20	≤15

5.5 箱梁夏季施工混凝土温控措施

5.5.1 混凝土浇筑温度控制

混凝土在运输、泵送、浇筑、振捣过程中,除与大气环境有热交换、与仓面环境有热交换外,混凝土还存在与运输罐车之间的摩擦,与泵送管内壁之间的摩擦,与模板、钢筋之间的摩擦,混凝土内部的相互摩擦以及水泥水化反应使混凝土的温度升高,混凝土的实际温升是热传递、摩擦以及水化热三者的综合结果。夏季施工,浇筑仓面温度(如钢筋、模板吸收太阳热使其温度较气温高很多)通常使混凝土的温度升高,而后者也必然导致混凝土温度升高。根据以往实际数据的统计结果表明,夏季施工时缓凝型混凝土经过搅拌、装料、运输、泵送(0.5～1h)后,入模温度比出机口温度升高 1～2℃。本项目预制箱梁运输距离短、现场等待时间短,夏季施工入模温度约比出机口温度高 1℃。因此,为使混凝土的入模温度≤28℃,考虑混凝土运输、泵送中的温升,箱梁混凝土的出机温度宜控制在≤27℃。

5.5.2 混凝土原材料降温措施

1. 原材料温度常规控制措施

(1) 骨料采用增加储存量、搭建遮阳棚、通风、喷雾等普通措施冷却,骨料温度可控制为比气温低 4℃。

(2) 胶凝材料采用延长储存时间、转运和倒仓等措施冷却,将水泥、矿粉温度控制为≤60℃,粉煤灰温度控制为≤40℃。同时,可考虑在水泥、矿粉罐外搭设遮阳棚避免阳光直射,并在罐顶环向布设冷水管喷淋冷水辅助降温。

(3) 采用深层江水作为拌和水,如不进行特别控制,其温度约比气温低5℃。

(4) 按照表5-7提供的混凝土配合比(一般实测砂含水率3%~6%,取施工期砂含水率4%,由此换算成施工配合比),根据《水运工程大体积混凝土温度裂缝控制技术规范》(JTS/T 202-1—2022)附录D对大体积混凝土出机口温度进行估算(表5-15),计算得最低气温26℃时C55混凝土出机口温度为27.0℃,考虑混凝土运输、泵送过程中的温升,浇筑温度约为28℃。

表5-15 原材料温度及对应混凝土出机口温度(气温26℃时)

项 目	原 材 料						出机口
	水泥	粉煤灰	矿粉	砂	碎石	水	
温度/℃	60	40	60	22	22	21	27.0
单位体积质量/(kg/m³)	307	95	71	770	1134	115	—

注:考虑砂约4%的含水率换算成施工配合比。

由表5-15可知,当气温≤26℃下,能够通过常规原材料温度控制的方式满足入模温度≤28℃的温控标准;气温超过26℃时,需进一步采取原材料其他温度控制措施。以7月下旬箱梁施工为例,从石首历史气温来看,该时段日均最低气温为24℃,日均最高气温为32℃,需采取原材料降温措施才能满足入模温度控制要求。

2. 制冷水拌和混凝土方案

当气温高于26℃时,为满足出机口温度控制要求,应采用制冷水拌和混凝土。较为简单和常用的方式是在拌和水中加入20%质量的块冰将拌和水冷却至5℃以下。加块冰应提前至少3h进行,且水箱或水池、拌和水输送管道均应采取保温措施。

根据最大制冷能力5℃拌和水对大体积混凝土出机口温度进行计算(表5-16),计算得到气温32℃时C55混凝土出机口温度为26.9℃,考虑混凝土运输、泵送过程中的温升,入模温度可达≤28℃的控制标准要求。

表5-16 控制原材料温度及对应混凝土出机口温度(气温32℃时)

项 目	原 材 料						出机口
	水泥	粉煤灰	矿粉	砂	碎石	水	
温度/℃	60	40	60	28	28	5	26.9
单位体积质量/(kg/m³)	307	95	71	770	1134	115	—

注:考虑砂约4%的含水率换算成施工配合比。

由表5-16可知,当气温>26℃且≤32℃条件下,能够通过加入冰块冷却拌和水的方式满足浇筑温度≤28℃的控制标准要求。气温超过32℃时,需要进一步采取原材料其他温度控制措施,如制冷水+片冰拌和混凝土方案。

考虑冰的熔解热及水的比热容,将江水冷却至不同温度需要不同的加冰量,对不同气温下加冰量占用水量的百分比进行估算(表5-17)。

表 5-17　不同气温下的加冰量占用水量的百分比及拌和水与出机口温度

气温/℃	27	28	29	30	31	32
加冰量/水/%	6	10	13	15	17	20
拌和水水温/℃	19	15	13	10	8	5
出机口温度/℃	27.0	26.9	27.0	26.9	27.0	26.9

3. 制冷水+片冰拌和混凝土方案

当气温>32℃时，为满足出机口温度控制要求，采用片冰代替部分拌和水，即制冷水+片冰拌和混凝土方案(图5-11和图5-12)。

图 5-11　小型碎冰机

图 5-12　碎冰计量

根据工程经验，每加入10kg的冰至少可使新拌混凝土温度降低1℃。加冰量依据环境温度和浇筑温度要求变化，最大加冰量为用水量的50%，本工程取加片冰量55kg/m³对大体积混凝土出机口温度进行计算，计算得到气温37℃时C55混凝土出机口温度为26.8℃（表5-18、表5-19），考虑混凝土运输、泵送过程中的温升，入模温度可达到≤28℃的控制标准要求。表明当气温≤37℃条件下，能够通过冷却拌和水+片冰拌和的方式满足浇筑温度≤28℃的温控标准。气温超过37℃，不建议浇筑混凝土。

表 5-18　控制原材料温度（气温37℃时）

项目	原材料							出机口
	水泥	粉煤灰	矿粉	砂	碎石	冷却水	片冰	
温度/℃	60	40	60	33	33	5	0	26.8
单位体积质量/(kg/m³)	307	95	71	770	1134	60	55	—

注：考虑砂约4%的含水率换算成施工配合比。

表 5-19　不同气温片冰加入量估算表

温度/℃	33	34	35	36	37
单位体积混凝土加冰量/(kg/m³)	20	29	37	45	55

4. 降低搅拌、运输、浇筑过程中环境温度影响的措施

(1) 预制箱梁单次浇筑量不大，应安排晚间进行浇筑，可于20:00至次日6:00之间浇筑，尽量避开高温日晒时段浇筑。

(2) 对搅拌站料斗、皮带运输机、搅拌楼、运输罐车、泵送管道及其他相关设备遮阴或冷却,如对运输罐车反复淋水降温,泵送管道用湿罩布、湿麻袋等加以覆盖,避免阳光照射并反复晒水降温等。

(3) 提高混凝土浇筑能力,缩短混凝土暴露时间;缩短混凝土运输和滞留时间,混凝土拌和物从加水至入模的最长时间以控制在 1h 内为宜,不得超过 1.5h。

(4) 降低混凝土浇筑仓面的环境温度。现场环境温度高于 30℃时,宜对金属模板外表面喷淋、喷雾或覆盖湿土工布降温,但不得有积水或附着水,并宜采取遮盖措施避免阳光照射模板和钢筋。当在相对湿度较小、风速较大的环境下浇筑混凝土时,应采取适当挡风措施,防止混凝土失水过快。

5.5.3 冷却水使用及控制

箱梁两侧风嘴各设置一套水管,中间隔板部位设置一套水管。水管水平/垂直管间距为 100cm,距离混凝土侧面不小于 50cm;单套一个进水口,一个出水口,每套水管长度不超过 200m。

用分水器将各层各套水管集中分出,分水器设置相应数量的独立水阀及流量计以控制各套水管冷却水流量,并设置一定数量的减压阀以控制后期通水速率。每个分水器对应一台单独水泵,需准备一台功率≥5kW 的水泵,并至少留有一台备用泵。

混凝土浇筑前,确保进行不短于 30min 的加压通水试验,查看水流量大小是否合适,发现管道漏水、阻水现象要及时修补至可正常工作。对水管的焊接位置采取一定的保护措施,施工过程中应避免混凝土直接落到冷却水管上,严禁施工人员踩踏水管。

前期抽取深层江水作为冷却水,后期根据温度监测结果,通过集水池(冷却水管出水)调控水温使进水温度与混凝土内部最高温度之差小于 25℃。

箱梁混凝土通水要求见表 5-20。待水管停止循环水冷却并养生完成后,先用空压机将水管内残余水压出并吹干冷却水管,然后用压浆机向水管压注与混凝土同强度的微膨胀水泥浆,以封闭管路。

表 5-20　箱梁混凝土通水要求

开始通水时间及升温期要求	降温期通水时间及要求	停水时间
混凝土覆盖冷却水管前开始通水,水流量≥50L/min,进、出口水温差≤10℃	根据测温结果降低水流量,确保降温速率≤2.0℃/d,进、出口水温差≤10℃	可同时保证混凝土降温速率、内部最高温度及最大内表温差在可控范围内

5.5.4 养护控制

养护的控制原则:通过加强混凝土保温养护,降低混凝土内表温差;通过加强混凝土保湿养护,减少混凝土收缩引起的表面应力。

(1) 顶板:箱梁顶面混凝土收浆、拉毛后,覆盖宽幅土工布,待混凝土终凝后人工洒水养护。炎热、大风或雨天天气,土工布表面加盖防雨布,晾晒时掀开防雨布,顶面取消养护棚罩。

(2) 风嘴、斜底板、腹板、横隔板等外侧:在养护棚罩内进行养护,起遮阳、防风、防雨、保温等作用。侧面有模板覆盖时,可在混凝土升温初始阶段在钢模外侧喷水散热、降温;混凝土温峰过后(约 38h,由温控单位根据测温结果下达指令)且同养试件强度达到 60% 及以上(以腹板同养试件强度为依据),开始拆除外侧模及顶板底模,要求采用逐段拆模、边拆边覆盖土工布的拆模工艺,土工布覆盖应落至梁底,防止混凝土表面温度受环境因素影响而发生剧烈变化。前几次梁体表面喷淋洒水量不宜过多,适当喷淋使土工布湿润即可,以保温为主;待梁体表面温度降至与养护用水温度相差不大于15℃时,再加大喷淋洒水频率及喷水量。

需要特别指出的是,为使混凝土得到及时和充分的水养护,减少混凝土的早期收缩,拆模初期可采用冷却水管出来的热水对梁体表面进行养护(也可采用蒸汽发生器产生的蒸汽进行养护)。后期养护可采用炮雾器不间断喷水雾养护。养护期间要始终保持梁体表面混凝土湿润。

(3)箱室:箱室内腔底板收浆后,立即覆盖塑料养护(没有底板顶模情况下),终凝之后底板加盖土工布洒水养护;内腔模板拆除后,顶面、侧壁人工喷水养护,也可采用炮雾器喷雾养护。

(4)养护期间,应采取措施确保梁体混凝土内部与表面、表面与大气(养护环境)温度之差不应超过20℃,养护水与混凝土表面温差不应超过15℃。

(5)拆模、张拉等工序期间,保温保湿养护措施不要中断或中断过久。

(6)梁体浇筑完后的保温保湿养护龄期不宜少于10d。

5.6 箱梁冬季施工混凝土保温控制措施

5.6.1 混凝土原材料质量控制

(1)骨料应清洁,不得混有冰、雪、冻块及其他易冻裂的矿物质。

(2)冬季施工的混凝土选用的外加剂(缓凝型聚羧酸系减水剂)应通过试验,在满足施工要求的前提下,适当降低聚羧酸系减水剂中缓凝组分的含量,以防因缓凝剂掺量过量造成早期强度过低。

(3)箱梁混凝土中不得使用氯盐类早强剂或防冻剂及引气剂;掺有氯盐防冻剂或引气剂的混凝土更不得采用蒸汽养护。

5.6.2 混凝土配制和搅拌质量控制

为避免冬季施工混凝土早期受冻害,宜采取下列措施,确保混凝土拌和物的出机温度不宜低于10℃,入模温度不应低于5℃。

(1)混凝土用砂石料应集中备料,并采取有效的防雨、防雪及保温措施。拌和站砂石料仓采用彩钢棚进行封闭,上料口利用保暖棉棚布制作成自动卷帘门,堆放在遮阳棚里的砂石料应用军用帆布加以覆盖保温。

(2)散装水泥、掺合料等罐体采用棉棚布包裹进行保温;袋装水泥应储存在暖棚内,使用时保持5℃以上,不得加热;外加剂罐置于暖棚内采用棉被包裹保温,不得加热;拌和水可采用在蓄水池中通入蒸汽的方法加热;输送带采用铁皮包裹封闭保温,拌和楼采用彩钢棚进行全封闭,楼内布设蒸汽管道,内部环境温度不低于10℃。

(3)当原材料原有温度不能满足混凝土拌和物的出机温度不低于10℃时,可对拌和用水进行加热,其水温的控制应以水泥、砂石料等原材料(实测温度)的热工计算结果为准,水温最高不应超过60℃。为此,混凝土搅拌站需配备一台2t煤锅炉,用于水加热。

(4)混凝土搅拌前,可先采用热水或蒸汽冲洗搅拌机,搅拌时间应较常温规定延长50%,单搅拌的最长时间也不宜超过180s。加料顺序应先投入砂石骨料和已加热的水(水温以控制在(45±5)℃为宜),稍加搅拌后再投入水泥、掺合料、外加剂,保证水泥不与过热的水直接接触,避免假凝。

(5) 保证混凝土的坍落度不超过 230mm,扩展度不超过 550mm。

5.6.3 混凝土运输和浇筑质量控制

(1) 混凝土的运输时间应尽可能缩短,运输混凝土的容器应有保温措施,混凝土运输车、泵送管道采用黑色棉棚布、土工布包裹,以减少混凝土的热量损失,确保混凝土入模温度高于规定温度 5℃。严禁使用有冻结现象的混凝土。

(2) 遇下雪天气绑扎钢筋,绑好钢筋的部分加盖彩条布,减少积雪清理难度。浇筑混凝土前及时将模板、钢筋上的冰、雪清理干净。

(3) 合理安排工期,混凝土浇筑宜选在一天中气温较高的时间内(中午)进行,尽量减少夜间浇筑混凝土。当日平均气温低于 −5℃ 时,不得浇筑混凝土。

(4) 做好准备工作,提高混凝土的浇筑速度。

5.6.4 保温保湿养护

养护措施十分关键,正确的养护能避免混凝土产生不必要的温度收缩裂缝和受冻。考虑到蒸养过后混凝土表面温度下降较快,内表温差有超标风险,因此需于蒸养后继续对混凝土进行蓄热法养护(即覆盖保温养护)。

箱梁混凝土侧面保温可通过满挂帆布、侧边沿上绑草帘被,覆盖厚度大于 5cm;混凝土上表面可先覆盖塑料薄膜再覆盖二层毡帘被,覆盖厚度大于 5cm;边角等薄弱部位或迎风面应加盖毡帘被并做好搭接,覆盖厚度大于 5cm,搭接宽度超过 10cm。冬季施工时不允许洒水养护。

5.7 现场温度监测方案

1. 仪器设备

温度检测仪采用智能化数字多回路温度巡检仪(图 5-13),温度传感器为热敏电阻传感器(图 5-14)。

图 5-13 温度巡检仪

图 5-14 温度传感器

智能化温度巡检仪具有可自动记录数据和数据断电保护、历史记录查询、实时显示和数据报表处理等功能。该仪器测量结果可直接用计算机采集,人机界面友好,并且测温反应灵敏、迅速,测量准确,主要性能指标:① 测温范围: −50～+150℃;② 工作误差: ±1℃;

③分辨率:0.1℃;④巡检点数:32点;⑤显示方式:LCD(240×128);⑥功耗:15W;⑦外形尺寸:230mm×130mm×220mm;⑧质量:≤1.5kg。

温度传感器的主要技术性能:①测温范围:-50~150℃;②工作误差:±0.5℃;③分辨率:0.1℃;④平均灵敏度:-2.1mV/℃。

2. 温度监测

在混凝土浇筑前完成传感器的选购及铺设工作,并将屏蔽信号线连接到测温仪器箱,传感器测头采用角钢保护;各项测试工作在混凝土浇筑后立即进行,连续不断。

混凝土温度监测频率和记录要求如下:

(1) 混凝土入模温度监测:每台班不少于2次。

(2) 浇筑块体温度场监测:升温期间,环境温度、冷却水进水和出水温度、内部温度每2h测量一次;降温期间,第一周每4h监测1次,一周后每天选取气温典型变化时段进行监测,每天监测2~4次。特殊情况下,如大风或气温骤降期间,适当加密监测次数。

(3) 温度监测持续时间:当混凝土的内部最高温度与环境温度之差连续3d<25℃时,且降温速率≤2℃/d,内表温差≤25℃时,即可终止温度监测。

(4) 每次监测完成后及时填写温度监测记录表。

(5) 温度监测结束后,绘制各测点的温度变化曲线,编制温度监测报告。

5.8 箱梁混凝土现场温度监测结果及分析

5.8.1 箱梁混凝土浇筑基本情况

箱梁混凝土浇筑设计采用的配合比及浇筑情况分别见表5-21和表5-22。

表5-21 箱梁混凝土实际施工采用的配合比情况

施工季节	混凝土配合比							本报告监测的梁段
	P·O 52.5 水泥/(kg/m³)	I级粉煤灰/(kg/m³)	S95级矿粉/(kg/m³)	水/(kg/m³)	河砂/(kg/m³)	5~20mm 碎石/(kg/m³)	减水剂/%	
冬季	284	118	71	144	741	1136	1.1%	E、M型梁段
其他季节	348	74	74	144	731	1130	1.2%	A型梁段

表5-22 箱梁混凝土浇筑情况

构件	开始时间	结束时间	浇筑时长/h	用量/m³
E型梁	2017年7月24日21:00	7月25日12:30	16	414
A型梁	2018年2月7日15:00	2月7日23:30	8	313
M型梁	2018年7月18日17:00	7月19日7:00	16	396

5.8.2 混凝土入模温度控制情况

A型梁冬季施工,混凝土入模温度控制以原材料保温为主。采取的保温措施包括搭设遮阳遮雨棚控制骨料温度,混凝土罐车进行保温包裹。混凝土浇筑前及浇筑过程中监测原材料温度、入模温度(表5-23),入模温度满足≥5℃且≤14℃的温控标准。

E型梁/M型梁夏季高温施工采取的原材料降温措施包括搭设遮阳棚为骨料降温,提前备料为胶凝材料降温,拌和水加冰块制冷。混凝土浇筑前及浇筑过程中监测原材料温度、入模温度(表5-23),入模温度为28~32℃,部分时段超出≤28℃的温控标准限值。

表5-23　混凝土原材料及入模温度监测结果　　　　　　　　　℃

箱梁类型	砂	碎石	水	入模温度
A型梁	7	8	15	12~13.5
E型梁	25~28	26~30	7~9	28~30
M型梁	29~33	30~35	7~9	28~32

5.8.3　混凝土冷却水管通水情况

E型梁/M型梁高温期施工,布设冷却水管对大体积混凝土进行降温。E型梁2017年7月25日3:00开通第一层水管,发现水管有部分漏水现象后关闭;7月25日15:40开通第一、二层水管,17:30开通所有水管;根据测温结果于7月26日19:30关闭底层及顶层水管;7月27日8:00调小中间层水管,19:00关闭中间层水管,停止通冷却水。冷却水进水温度为38~50℃,出水温度为40~51℃,进出水温差为1~5℃,符合进出水温差≤10℃的温控标准。对通水情况统计大概时间节点,如表5-24所示。

表5-24　冷却通水时间节点及要求

混凝土施工阶段	预计时间	通水措施	进水温度要求
浇筑过程中	0~12h	覆盖即通水,循环水,固定频率补充冷水	保证进水温度与内部温度差≤25℃的情况下,尽量降低进水温度
温峰前	12~40h	循环水,固定频率补充冷水	保证进水温度与内部温度差≤25℃的情况下,尽量降低进水温度
	40h后	循环水,根据测温结果补充冷水	
温峰后	40h左右	关闭风嘴水管	进水温度与内部温度差≤25℃
	50h左右	关闭隔板底层水管及顶层水管	
	70h左右	关闭隔板中间水管,通水结束	

M型梁2018年7月18日23:00开通第一层水管,7月19日4:40开通第二层水管,7:00开通所有水管;根据测温结果于7月23日8:00调小水管,7月24日8:00关闭中间层水管,停止通冷却水。冷却水进水温度为32~39℃,出水温度为35~45℃,进出水温差为1~6℃,符合进出水温差≤10℃的温控标准。

A型梁于2018年2月施工(冬季施工),无须布设冷却水管。

5.8.4　混凝土养护情况

1. E型梁养护情况

混凝土于2017年7月24日21:00开始浇筑,浇筑完成后约2.5小时,即7月25日15:00混凝土上表面覆盖土工布并开启雾炮机进行保湿养护,20:00时搭棚完成。7月26日12:30开启低温蒸汽对侧面进行保温,于21:30开启全部蒸汽,养护环境温度为36~42℃。养护措施如图5-15所示。

风嘴部位模板因张拉须于26日上午进行拆除,拆模完成后搭棚遮盖养护;侧面于7月28日15:00拆模,拆模后覆盖土工布,并用温水喷淋保湿,同时保持蒸汽开启,保湿性良好。

对养护情况统计大概时间节点如表5-25所示。

(a)　　　　　　　　　　　(b)　　　　　　　　　　　(c)

图 5-15　现场养护措施

(a) 上表面喷雾保湿养护；(b) 上表面搭棚效果；(c) 蒸汽养护

表 5-25　混凝土养护时间节点及要求

混凝土施工阶段	预计时间	养护措施			
		上表面	侧面	内腔	风嘴
浇筑、收面过程中	0～14h	喷雾降温	搭棚	搭棚	搭棚
收面结束—拆端模（升温阶段）	14～40h	搭棚，覆盖土工布，喷雾降温	搭棚，喷雾降温	搭棚，喷雾降温	搭棚，喷雾降温
拆端模—拆内模、拆外模、移台座（降温阶段）	40～5d	搭棚，覆盖土工布	搭棚，蒸汽保温	搭棚，蒸汽保温	搭棚，覆盖土工布，蒸汽保温
移台座—安装	5～8d	覆盖土工布，喷雾或洒水	覆盖土工布，喷雾或洒水	喷雾或洒水	覆盖土工布，喷雾或洒水

2. A 型梁养护情况

混凝土于 2018 年 2 月 7 日 15:00 开始浇筑。浇筑完成后，上表面覆盖遮雨布并搭建养护棚。2 月 8 日 8:00 上表面、侧面通蒸汽养护，养护环境温度为 20～26℃。2 月 10 日 10:00 撤除蒸汽养护并开始拆模，拆模后混凝土表观完好，未发现可见裂缝。

3. M 型梁养护情况

混凝土于 2018 年 7 月 18 日 17:00 开始浇筑。浇筑完成后，7 月 19 日 7:30 混凝土上表面覆盖土工布并洒水进行保湿养护。风嘴部位模板因张拉需要于 20 日上午进行拆除；侧面于 7 月 21 日 15:00 开始拆模，拆模后进行温水喷淋养护，保湿性良好。

5.9　E 型梁混凝土内部温度发展情况

5.9.1　测温元件布置

根据仿真计算温度场分布、考虑冷却水管布设位置，测温元件布置思路如下：①测点分为风嘴测点及横隔梁测点；②风嘴测点分为顶板点、中间点及侧板点，以监测风嘴混凝土内部温度及表面温度；③横隔梁测点竖向布置 3 层，分为顶板点、中间点及底板点，以监测横隔梁混凝土内部温度及表面温度；④监测对称的半幅以指导整幅箱梁施工。测温元件布置及编号如图 5-16 所示。

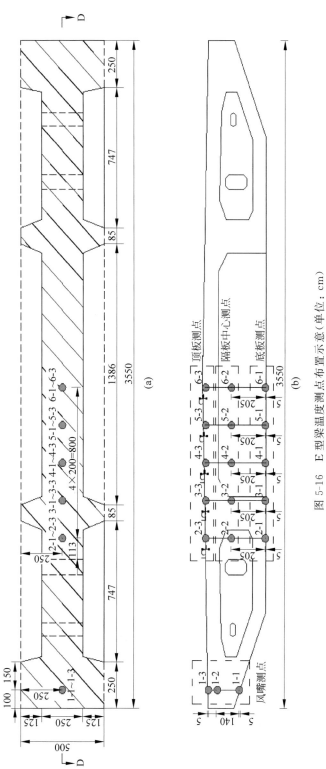

图 5-16 E 型梁温度测点布置示意（单位：cm）

(a) 平面布置；(b) 立面布置

5.9.2 测温结果

混凝土温度监测于 2017 年 7 月 24 日 21:00 开始,截至 8 月 3 日 9:00 的混凝土温度监测数据如表 5-26 所示。

表 5-26 E 型梁混凝土温度特征值监测数据

入模温度/℃	内部最高温度/℃	最高温度出现时间/h	最大内表温差/℃	降温速率/(℃/d)
28～30	74.6	37～38	12.6	3.5～4.5

注:最高温度出现时间是从传感器与混凝土接触时间算起。

混凝土入模温度为 28～30℃,部分时段超出≤28℃的控制标准;混凝土内部最高温度为 74.6℃,符合≤75℃的控制标准;混凝土最大内表温差为 12.6℃(风嘴部位),符合≤20℃的控制标准;温峰后初期降温速率为 4.2～4.5℃/d,后期为 3.5～3.7℃/d,超出≤3.0℃/d 的控制标准。

5.9.3 测温数据分析

混凝土单点温度及温度特征值发展历时曲线如图 5-17～图 5-21 所示,可以看出,测点监测区域混凝土于浇筑后 10～12h 开始升温,与实测现场初凝时间一致;初凝后快速升温,于浇筑后 37～38h 达到温峰,内部最高温度 74.6℃,符合≤75℃的控制标准;混凝土内部温

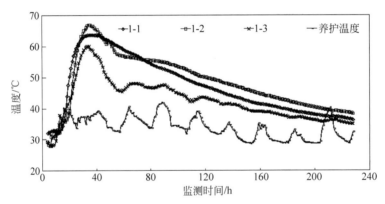

图 5-17 E 型梁风嘴部位混凝土温度历时曲线

彩图 5-18

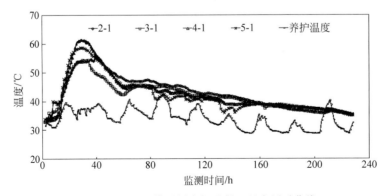

图 5-18 E 型梁横隔梁底板混凝土温度历时曲线

度发展平稳(图 5-17),符合试验温升曲线；混凝土表面温度(包括底板、顶板及侧板)前期发展平稳,后期受养护温度影响波动；混凝土内表温差发展趋势基本同表面温度发展趋势(图 5-18),因横隔梁部位混凝土覆盖时间差异大,风嘴部位内表温差计最大内表温差为 12.6℃,符合≤20℃的控制标准。

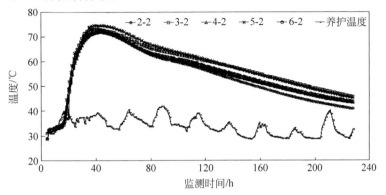

图 5-19　E 型梁横隔梁中部混凝土温度历时曲线

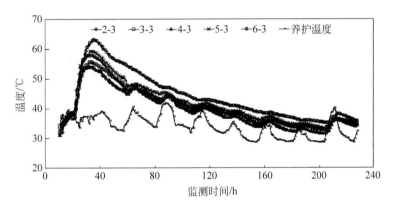

图 5-20　E 型梁横隔梁顶板混凝土温度历时曲线

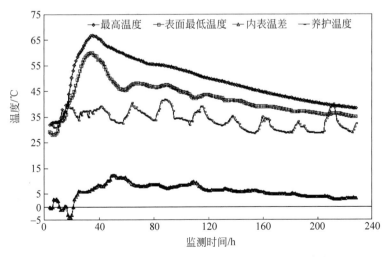

图 5-21　E 型梁风嘴部位混凝土温度特征值历时曲线

5.9.4　A型梁混凝土内部温度发展情况

1. 测温元件布置

根据仿真计算温度场分布,并按照对称性原则,取结构一半布设测温元件。布置原则如下:①测点分为腹板测点及风嘴测点;②腹板内部从下到上布设3个测点;③距风嘴150cm处从下到上布设3个测点,距风嘴两侧5cm和14cm横向布设两个表面点;共计8个测点用以监测混凝土内部及表面温度变化。测温元件布置及编号如图5-22和图5-23所示。

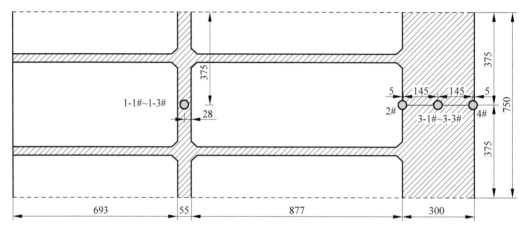

图5-22　A型梁温度测点平面布置示意(单位:cm)

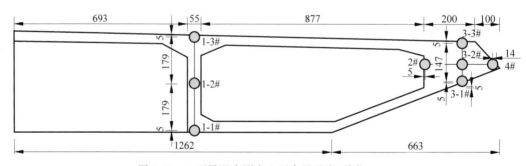

图5-23　A型梁温度测点立面布置示意(单位:cm)

2. 测温结果

混凝土温度监测于2018年2月7日15:00开始,截至2月14日9:00的混凝土温度监测数据如表5-27所示。

腹板部位混凝土最高温度为55.3℃、风嘴部位混凝土内部最高温度为66.1℃,仿真计算为66.3℃,与仿真计算结果基本吻合,且符合≤70℃的控制标准;风嘴部位混凝土最大内表温差为38.9℃,仿真计算为24.9℃,与仿真计算相差较大,超出≤25℃的控制标准,分析原因为气温较低,加之蒸汽在棚内热量散失及扩散等原因,棚内环境温度最高时基本在26℃左右,仿真计算假设的棚内最高温度为31℃,棚内养护环境温度较低,导致表面温度下降较快,内表温差较大;温峰后初期降温速率为4.5~5.0℃/d,后期为3.5~4.0℃/d,超出≤3.0℃/d 的控制标准。

表 5-27 A 型梁混凝土温度特征值监测数据

部位	内部最高温度/℃	最高温度出现时间/h	最大内表温差/℃	降温速率/(℃/d)
腹板	55.3	40	—	4.0~5.0
风嘴	66.1	42	38.9	3.5~4.5

注：最高温度出现时间从传感器与混凝土接触时间算起。

3. 测温数据分析

腹板部位垂直方向混凝土单点温度及养护温度发展历时曲线如图 5-24 所示，可以看出，测点监测区域混凝土于浇筑后 10~12h 开始升温，与实测现场初凝时间一致；初凝后快速升温，于浇筑后 40h 达到温峰；混凝土内部温度发展平稳，符合温升曲线；混凝土表面温度（包括底板、顶板）前期发展平稳，后期受养护温度影响发生波动。

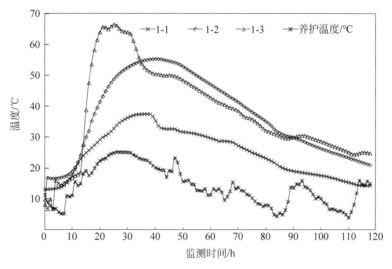

图 5-24 A 型梁腹板垂直方向混凝土温度历时曲线

风嘴部位垂直方向混凝土单点温度及养护温度发展历时曲线如图 5-25 所示，可以看出，测点监测区域混凝土于浇筑后 10~12h 开始升温，与实测现场初凝时间一致；初凝后快速升温，于浇筑后 42h 达到温峰；混凝土内部温度发展平稳，符合温升曲线；混凝土表面温度（包括底板、顶板）前期发展平稳，后期受养护温度影响发生波动。

风嘴部位水平方向混凝土单点温度及养护温度发展历时曲线如图 5-26 所示，可以看出，测点监测区域混凝土于浇筑后 10~12h 开始升温，与实测现场初凝时间一致；初凝后快速升温，于浇筑后 42h 达到温峰；混凝土内部温度发展平稳，符合温升曲线；混凝土侧板表面温度前期发展平稳，后期受养护温度影响发生波动；混凝土内表温差发展趋势前期受内部温度发展影响，后期受表面温度发展趋势影响，最大内表温差超出控制标准要求，主要受箱梁散热面较大、拆模较早、蒸汽养护时间较短、养护环境温度变化较大的影响。

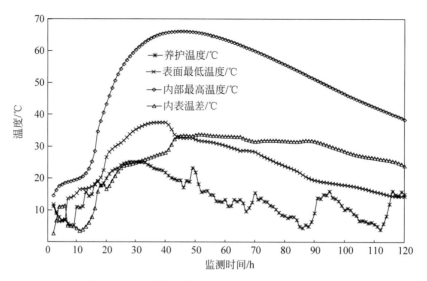

图 5-25　A 型梁风嘴垂直方向混凝土温度历时曲线

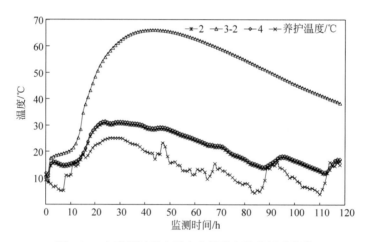

图 5-26　A 型梁风嘴水平方向混凝土温度历时曲线

5.9.5　M 型梁混凝土内部温度发展情况

1. 测温元件布置

根据仿真计算温度场分布、考虑冷却水管布设位置，测温元件布置思路如下：

（1）测点分为风嘴测点及横梁测点；

（2）风嘴测点分为顶板点、中间点及侧板点，以监测风嘴混凝土内部温度及表面温度；

（3）横梁测点竖向布置 3 层，分为顶板点、中间点及底板点，以监测横梁混凝土内部温度及表面温度；

（4）监测对称的半幅以指导整幅箱梁施工。测温元件布置及编号见图 5-27。

2. 测温结果

混凝土温度监测于 2018 年 7 月 18 日 17:00 开始，截至 7 月 27 日 7:00 的混凝土温度特征值如表 5-28 所示。

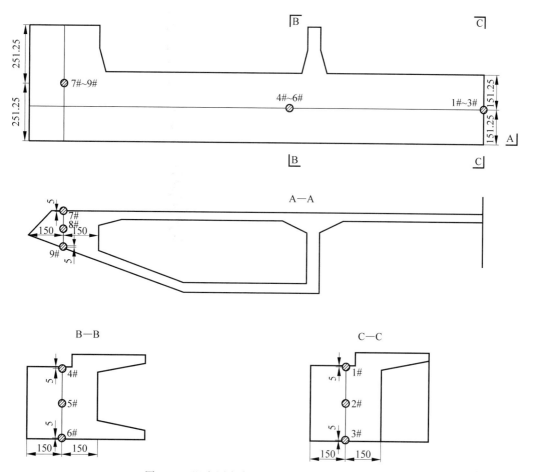

图 5-27 温度测点布置及编号示意(单位：cm)

混凝土内部最高温度为 71.9℃，符合≤75℃的控制标准；混凝土最大内表温差为 18.5℃，符合≤20℃的控制标准；温峰后初期降温速率为 1.6~2.8℃/d，符合≤3.0℃/d 的控制标准。

表 5-28 箱梁混凝土温度特征值监测数据

结构部位	内部最高温度/℃	最高温度出现时间/h	最大内表温差/℃	降温速率/(℃/d)
风嘴	69.7	50	12.8	1.6~2.4
横梁	71.9	51	18.5	1.8~2.8

注：最高温度出现时间从传感器与混凝土接触时间算起。

3. 测温数据分析

风嘴部位混凝土温度特征值发展历时曲线如图 5-28 所示，横梁部位混凝土温度特征值发展历时曲线如图 5-29 所示。可以看出，测点监测区域混凝土于浇筑后 7~10h 开始升温，于浇筑后 50h 左右达到温峰，混凝土内部温度发展平稳，符合试验温升曲线；混凝土表面温度(包括底板、顶板及侧板)前期发展平稳，后期受养护温度影响波动；混凝土内表温差发展趋势基本同表面温度发展趋势。

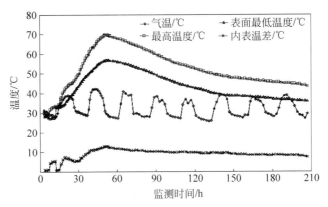

图 5-28　M 型梁风嘴部位混凝土温度特征值历时曲线

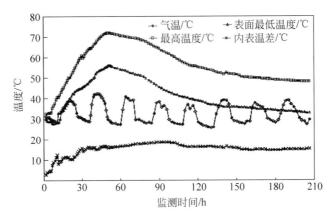

图 5-29　M 型梁横梁部位混凝土温度特征值历时曲线

5.10　结束语

石首长江公路大桥 PK 箱梁温控严格按照温控方案的要求进行,温控措施实施情况较好。从监测结果来看,温度监测结果与计算较为吻合,基本满足温控标准。未出现影响预制梁结构安全的可见有害裂缝,达到了预期的温控目标。温控研究成果总结如下:

(1) 根据该构件的结构特点,在大体积混凝土内部温度场和应力场仿真计算基础上,制定施工期及养护期内相应的温控标准及详尽、有效、可行的温控措施,并根据现场实时监测结果对温控措施进行及时有效的调整。

(2) 根据不同施工期配制相应的 C55 混凝土配合比,较大限度地降低了水泥用量,从而降低了混凝土水化热的总量。冬季施工胶凝材料总量为 496kg/m^3,矿物掺合料总掺量为 30%(粉煤灰 15%+矿粉 15%),夏季施工胶凝材料总量为 473kg/m^3,矿物掺合料总掺量为 35%(粉煤灰 20%+矿粉 15%),后期强度发展快、富裕强度高。

(3) 加大投入、采用多种措施控制混凝土原材料温度,混凝土入模温度的控制基本符合温控标准要求;夏季施工混凝土温度受气温影响容易入模后升高,于混凝土浇筑前即开通冷却水,对入模混凝土进行进一步冷却,较好地控制了混凝土浇筑温度。

（4）夏季浇筑预制梁采用冷却水。冷却水系统设计科学合理，冷却水管密封效果较好，有效地保证了混凝土通水降温的效果。冷却水管设置分水器、独立水泵、独立水闸，分别编号并派专人负责，大大提高了冷却水的效率，冷却水降温消峰效果良好；后期根据测温结果调整或关停水管，有效地保证了混凝土通水降温的效果，较好地控制了混凝土内表温差及降温速率。

（5）冬季施工混凝土采用蒸汽养护，养护以保温为主；夏季施工混凝土养护以保湿为主，养护效果良好，内表温差符合温控标准要求。

第6章

大跨度混合梁斜拉桥边跨主梁节段预制拼装关键技术

6.1 概述

目前,我国大跨度混合梁斜拉桥边跨混凝土主梁施工多数仍采用支架现浇法,桥位短线法节段预制拼装施工未见相关文献报道。针对石首长江公路大桥桥址情况,首次提出"桥位短线法"这一概念,以实现建筑工业化的施工模式。

大桥北边跨主梁采用桥位短线法节段预制拼装施工,主要分为地面预制、提升、落梁、滑移及胶拼五个主要工序。其中,地面预制采用"组合式移动模板",箱梁节段提升采用"1100t提升机",箱梁节段支架移动运输采用"防裂滑移系统"等关键技术,以保障PK断面箱梁的节段预制拼装施工。

6.2 PK断面箱梁组合式移动模板

6.2.1 技术背景

混凝土箱梁预制是桥梁施工中一种常用的方法,传统的箱梁节段预制模板主要采用满堂支架搭设的方法,无法满足大断面宽幅混凝土箱梁的预制模板组装、拆模、箱梁移动等要求,模板精度微调也具有一定的难度,PK断面箱梁由于具有宽度大、体积大的特点,预制过程中容易出现质量问题,在移动运输过程中也存在相应的技术难题。为解决PK断面箱梁节段预制质量低、拆模困难以及运输等技术问题,研发了一种组合式模板可适应PK断面箱梁的预制,用以提高施工质量及效率。

6.2.2 技术方案

PK断面箱梁节段预制采用组合式移动模板,内模与外模分别采用木模和钢模两种类型。其中,外模由固定端模、活动端模、侧模、底模组成,在侧模和底模设有液压调节杆,可通过液压装置对模板进行拆分和组合。底模两侧设有行走系统,当预制节段达到混凝土设计强度脱模,并张拉预应力钢筋后,可通过轴向液压千斤顶实现牵引滑移至张拉台座,从而保障箱梁节段移梁过程中结构的安全性。

6.2.3 组合式移动模板构造特点

相比传统的混凝土箱梁预制模板,组合式移动模板(图 6-1、图 6-2)构造具有以下特点。

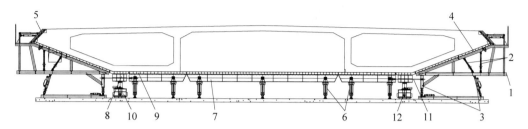

1—侧模支架;2—可调支撑杆;3—液压顶撑杆;4—侧模;5—活动角模;6—底模支撑杆;
7—底模支撑梁;8—行走支架;9—底模;10—滑靴;11—下对拉钢杆;12—千斤顶。

图 6-1 组合式移动模板示意

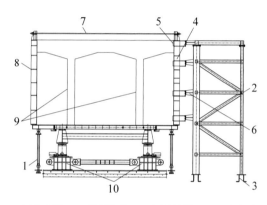

1—底模支撑杆;2—固定支架;3—锚固钢筋;4—固定端模;5—凸起钢块;6—加固法兰盘;
7—上对拉钢杆;8—活动端模;9—内模;10—滑靴。

图 6-2 组合式移动模板立面图

特点 1:组合式移动模板一侧设有固定端模与定位支架,并采用加固法兰连接实现固定,另一侧设有活动端模。其中,固定端模与移动端模采用高强度钢材制成,预制时两模板采用对拉杆进行分段对拉,对模板进行限位,可保障预制过程中箱梁节段拼接面线形不变,提高预制精度和预制剪力槽几何形状,对箱梁节段预制质量提升具有良好的效果。

特点 2:组合式移动模板底部设置液压装置,风嘴位置设置活动翻口,对模板的组拼和拆卸以及对箱梁节段脱模具有较大作用。提高了 PK 断面箱梁预制施工效率。同时可提高模板定位精度,解决线形微调的技术问题。

特点 3:通过在组合式移动模板底部两侧设置行走系统,并在滑靴顶部千斤顶设置行走支架,行走支架间采用加固连接杆件连接。此设计主要是为实现 PK 断面箱梁预制完成后,四支点同步滑移,保障箱梁节段的安全性,如图 6-3 所示。

图 6-3　组合式移动模板组拼现场

6.2.4　技术优势

提出 PK 断面箱梁组合式移动模板的构造设计,采用高强度钢模与木模,以及液压、滑移系统配合的方法,解决了 PK 断面箱梁线形微调及预制精度问题,同时提高了模板的组拼及拆模效率,具有较高的应用价值和社会经济效益,有望推广使用。

6.3　箱梁节段预制工艺

6.3.1　技术背景

传统支架现浇方法无法精确控制箱梁线形,施工质量难以保障。为提高 PK 断面箱梁的施工质量,大桥北边跨主梁采用"桥位短线法"施工,该工艺是在首个箱梁节段浇筑后,第二个箱梁节段以首个箱梁节段为端模浇筑,进行匹配,从而保障箱梁节段拼装线形控制精度达到±2mm。

6.3.2　PK 断面箱梁预制施工方案

(1)安装并调整浇筑台座模板系统,整体吊装箱梁节段钢筋及部分内模(图 6-4、图 6-5),内模安装后浇筑混凝土并养生。

图 6-4　内模安装现场

图 6-5 节段钢筋笼整体吊装

（2）达到一定强度后拆除靠近江侧端模及侧模并张拉部分横向预应力钢筋，拆除底模后将箱梁节段滑移至匹配台座。精调首个箱梁节段的空间姿态，以首个箱梁节段端面作为第二个箱梁节段的端模，进行匹配预制（图 6-6）。

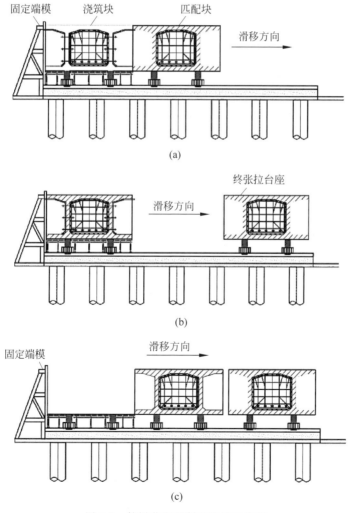

图 6-6 箱梁节段预制匹配施工步骤

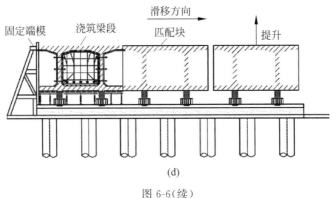

(d)

图 6-6(续)

(3) 第二个箱梁节段达到设计养护期后,将首个箱梁节段滑移至张拉台座,按要求张拉首个箱梁节段的预应力钢筋并压浆。

(4) 将第二个箱梁节段移动至匹配台座,并精调其空间状态,进行第三个箱梁节段浇筑前的准备工作。待首个箱梁节段达到压浆养护强度后,将其提升至滑移支架。

(5) 重复上述施工步骤依次完成剩余箱梁节段的匹配预制(图 6-7)。

图 6-7 PK 断面箱梁预制

6.3.3 技术优势

桥位短线法地面预制匹配施工工艺可以最大限度地提高预制精度,对线形控制±2mm及提高施工效率与质量具有重要意义。

6.4 混凝土箱梁节段预应力张拉工序设计

6.4.1 PK 断面箱梁预应力设置

为防止结构早期裂缝的出现(影响结构的外观和使用性能),保障施工质量,每个箱梁节段在地面预制施工过程中分 4 次张拉(预张拉、初张拉、中张拉与终张拉)。箱梁采用空间预应力结构,其顶板、底板、横隔板均采用 $\phi15.2\mathrm{mm}$ 高强低松弛钢绞线(设计张拉力 1395MPa),腹板采用 $\phi50\mathrm{mm}$ 钢棒(设计张拉应力 830MPa)。预应力具体布置如图 6-8、图 6-9 所示。

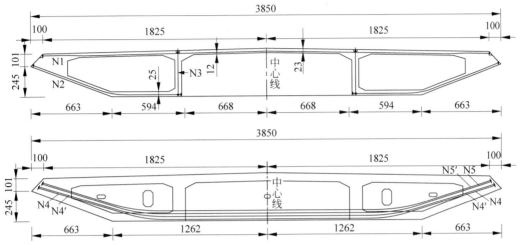

图 6-8　标准梁段截面及预应力束布置(单位:cm)

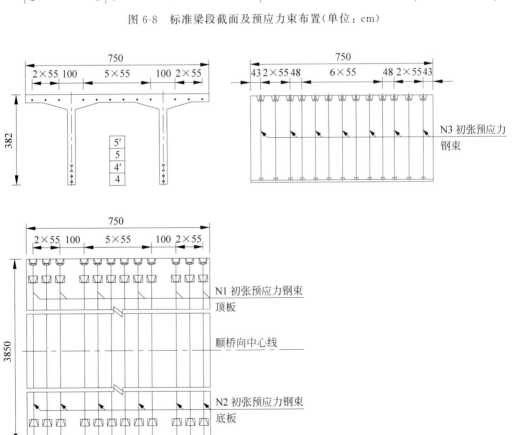

图 6-9　顶板、底板与腹板预应力布置(单位:cm)

6.4.2 预应力张拉工序分析意义

传统混凝土箱梁一般设置竖向及纵向预应力,张拉时通常一次到位。但PK断面箱梁横向宽度大、体积大,结构内部设置空间预应力,但其结构刚度无法承受自重的影响,受多种因素影响,横隔板位置容易出现开裂现象。传统箱梁以往单次张拉方法无法满足宽幅大断面箱梁预制要求,针对该问题对PK断面箱梁张拉方案进行设计,以满足结构施工质量控制要求与力学性能。为工程施工及采取相关措施提供依据,也为同类型结构以后的设计与施工提供参考。

6.4.3 箱梁预应力张拉工序模拟

1. 计算模型选取

计算模型选取石首长江公路大桥北边跨主梁A类箱梁节段,标准节段长7.5m,宽38.5m,梁高3.822m,箱梁空间有限元模型如图6-10所示。

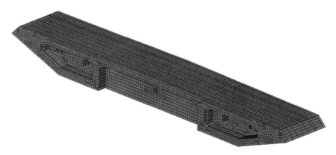

图6-10 PK断面箱梁空间有限元模型

2. 有限元模型建立

确定预应力张拉量以及评估张拉量的合理性,采用结构精细化分析软件MIDAS FEA建立PK断面箱梁的空间预应力结构模型,按不同工况进行模拟计算。材料采用C55混凝土,弹性模量按规范选取$E_c=34.5$GPa,泊松比选取0.2。预应力钢束弹性模量采用$E_s=195$GPa,泊松比取0.3。

3. 边界条件设置

箱梁节段张拉预应力钢束跨中会产生正弯矩,横隔板起拱,根据结构受力状态,与现场滑靴的实际布置,在箱梁底板两侧分别设置两个支点。其中,一侧为固定铰接,另一侧为活动铰接,对顺桥向进行约束,横桥向释放约束以模拟箱梁张拉后受力回缩。

6.4.4 计算结果讨论

1. PK断面箱梁局部应力分析

通过对PK断面箱梁建立精细化有限元模型计算得到无预应力状态下的结构应力状态。由图6-11可见,在自重作用下,混凝土箱梁节段顶板中部为压应力状态,最大压应力为-2.5MPa;两侧箱室顶部为拉应力状态,最大拉应力为1.1MPa;箱室底板与风嘴斜底板分别为受拉和受压状态,底板最大拉应力为0.9MPa,最大压应力-2.2MPa。箱梁由于自重产生下挠约-2mm,横隔板跨中位置与人洞周边位置呈受拉状态,最大应力为1.97MPa,大于混凝土抗拉强度标准值1.89MPa,结构存在开裂风险。

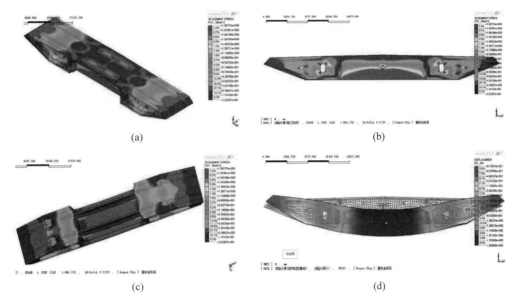

图 6-11　PK 断面箱梁无预应力模拟结果
(a)顶板应力状态;(b)横隔板与人洞应力状态;(c)底板应力状态;(d)位移状态

2. 预应力张拉效果分析

根据 PK 断面箱梁预应力设置进行张拉工序模拟,对预应力张拉量设置进行评估。对比张拉方案,张拉顶板、底板、腹板全部预应力钢束到100%预应力设计张拉量,横隔板张拉两束100%设计预应力钢束,模拟结果如图 6-12 所示。箱梁结构整体呈受压状态,最大压应力为-0.6MPa,平衡了自重产生的受拉状态,结构处于理想状态。

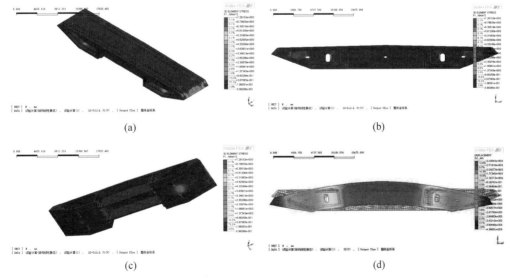

图 6-12　横隔板预应力张拉模拟结果
(a)顶板应力状态;(b)横隔板与人洞应力状态;(c)底板应力状态;(d)位移状态

混凝土 PK 断面箱梁 A 梁段在 70%E、80%E、95%E 弹性模量的情况下,张拉 50%的预应力钢束设计张拉量应力值均小于 C55 轴心抗拉强度设计值 1.89MPa,可以满足滑移受力需要。混凝土 PK 断面箱梁在 70%E、80%E、95%E 弹性模量变化过程中,应力与变形量呈线性变化,其变化规律通过表 6-1 可见,随着弹性模量的增大,混凝土的刚度也随之增大,应力状态与变形值都有所减小。

表 6-1 A 类梁段应力状态模拟值

弹性模量	A 类应力状态/MPa				位移/mm	
	顶板	底板	腹板	横隔板	风嘴	跨中
70%E	0.35	1.36	0.50	0.55	−4.40	+3.20
80%E	0.30	1.34	0.45	0.53	−4.00	+2.90
95%E	0.26	1.30	0.40	0.50	−3.40	+2.50

6.4.5 预应力张拉工序设计

根据计算结果确定了预应力张拉量,混凝土箱梁节段的预应力张拉步骤如下:

(1) 在浇筑 PK 断面箱梁混凝土 1.5d 后,混凝土强度达到 65%以上时进行预张拉,张拉量为 15%的设计张拉值。

(2) 在浇筑混凝土 3d 后,混凝土强度达到 85%~95%时进行初张拉,张拉量为 50%的设计张拉值。

(3) 箱梁节段移至提升机下方,在箱梁节段提升前进行中张拉,将箱梁顶板、底板、腹板全部预应力钢筋与横隔板底部预应力张拉至设计张拉值的 100%后进行起吊。

(4) 将箱梁节段提升至墩顶,并滑移至胶拼位置,完成胶拼后进行终张拉,即张拉所有预应力钢筋到 100%设计值。

6.4.6 预应力张拉工序应用效果

通过计算分析研究设计的预应力张拉工序对大断面 PK 断面箱梁的防裂控制效果明显,通过在不同混凝土强度生长阶段对梁体进行分级张拉,有效提高了箱梁节段的预制过程中抗裂性能,提高了预制质量,具有良好的应用效果。

6.5 箱梁节段提升与落梁施工技术

6.5.1 技术原理

原理一:考虑箱梁节段成桥后的受力状态和几何重心位置,将临时吊点对称设置在两侧斜拉索锚固区。

原理二:提梁机吊具分别采用一点吊具和两点吊具,利用"四点三联"方法,实现箱梁节段的三点静定起吊,且吊具上设有力学监测传感器,可对各临时吊点反力进行实时监控和偏载预警,保障梁体受力均衡,降低梁体在提升运输过程中开裂概率。

原理三：采用设置在滑靴内的竖向千斤顶进行顶升"接梁"，通过液压泵站设置竖向千斤顶的额定输出油压，采用同步逐级加载的方式控制各临时支点的反力差和顶面高差。

6.5.2 箱梁节段吊点与吊具设计

1. 临时吊点设计

根据箱梁节段成桥后的受力状态和几何重心的位置，临时吊点对称设置在两侧斜拉索锚固区。以标准梁型 A 类梁段为例，临时吊点横桥向间距 33.0m，顺桥向间距 4.1m，如图 6-13 所示。各箱梁节段梁体吊装过程应力状态如表 6-2 所示。

表 6-2 箱梁节段吊装应力状态

序号	梁段类型	几何形式	重心位置/(m×m)	吊点反力/t 前吊点	吊点反力/t 后吊点	最大拉应力/MPa
1	A	对称	0.50×7.5	245	245	1.42
2	B	非对称	0.53×6.0	291	291	1.30
3	C	对称	0.50×6.0	290	290	1.49
4	D	对称	0.50×6.0	258	258	1.04
5	E	对称	0.50×5.0	325	325	1.09
6	F	非对称	0.51×6.0	257	257	0.86
7	G	非对称	0.52×6.0	258	258	1.46
8	H	非对称	0.52×6.0	242	242	1.40
9	I	对称	0.50×6.0	221	221	1.60
10	J	非对称	0.52×6.8	248	248	1.32
11	K	非对称	0.52×7.5	331	334	1.75
12	L	非对称	0.49×7.5	258	258	1.30
13	M	非对称	0.43×5.0	320	318	1.69

箱梁节段预制时，吊装孔成孔采用预埋 ϕ170mm 钢管，钢管底口、顶口中心平面偏差控制在 2mm 内，吊装口底部位于斜底板上，需预埋 2cm 厚槽型钢板，并设置可嵌入槽型钢板的楔形调平块。

2. 提升吊具设计

箱梁节段横桥向两侧分别设置单点吊具和两点吊具（图 6-14），利用"四点三联"方法，实现箱梁节段的三点静定起吊。吊具上设置力学监测传感器，可实时监控各临时吊点受力变化情况，单吊点理论反力与实际反力设定 300kN 偏载自动报警系统。

3. 滑靴安装

箱梁节段吊装前，提前按照设计位置安放好滑靴，滑靴顶面设置 100cm×50cm×15cm 橡胶支座，采用精密水准仪对橡胶支座顶面进行调平，并确保各临时支点顶面高差控制在 0.5mm 内。

4. 提升机试运行

箱梁节段吊装采用 1100t 提升机，每次吊装前进行空载试运行，检查吊具应力监控系统、偏载报警系统是否正常，确保设备运行状态良好。

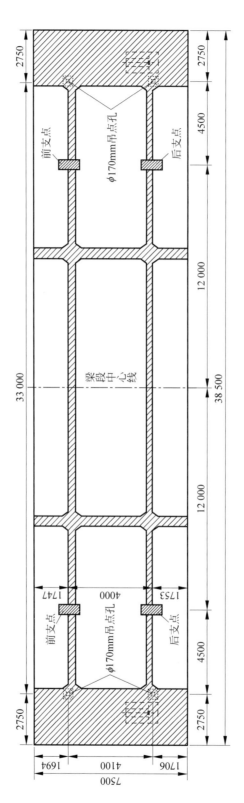

图 6-13 A类梁段临时吊点平面布置

(a) (b)

图 6-14 1100t 提升机吊具

(a) 单点吊具；(b) 两点吊具

6.5.3 吊杆检测与安装

1. 吊杆检测

节段预制箱梁设置 4 个临时吊点，吊杆采用 4 根圆形直径为 150mm、长 4300mm 钢棒，材质为 40CrNiMoA。吊杆每次安装前，先采用磁粉对其表面进行缺陷检测，再用超声波探伤仪对其内部进行缺陷检测，确认无任何质量缺陷后方可投入使用。

2. 吊杆安装

吊杆通过吊具下放进行安装，穿过吊装孔后安装楔形调平块，然后安装锚固螺母，并采用钢尺测量吊杆底部、顶部外露长度，确保误差控制在 0.5mm 内；对吊杆底部楔形调平块进行逐个检查，确保调平块顶部钢板上下缘均嵌入斜底板预埋钢板槽口内，以防止沿混凝土斜面向上滑动对吊杆产生剪切作用；根据待吊装梁段预制重量计算单个吊点理论反力，然后按照单个吊点理论反力的 1.05 倍单侧对称同步逐级进行预张拉。

6.5.4 箱梁提升

提升机加载前，根据待吊装梁段预制重量计算单个吊点理论反力，并平均划分 10 个等级，加载前检查操控室内显示屏上各吊点应力监测数据是否正常，检查无误后按照单个吊点理论反力的 10% 进行逐级加载。加载过程中，提升机司机需持续观察显示屏，确保各吊点同步均匀加载，加载过程中发现异常立即停止加载，进行吊点反力差值修正后方可继续加载。图 6-15 为箱梁节段提升。

提升机加载完成后，采取点动方式将梁体提升 2～3mm，然后采取控制单个吊点的方式进行各吊点反力差值和各临时支点高差的修正，确保各支点实际反力与理论反力的差值控制在 300kN 以内，且梁底任一临时支点相对其他 3 个支点构成平面的高差控制在 5mm 内，差值修正完成后进行匀速提升，提升速度按 0.2～0.3m/min 控制，且每提升 2m 进行一次差值修正。

考虑梁体自身惯性及风荷载的影响，为确保梁体空中姿态的稳定性，提升机行走速度宜按 0.2～0.3m/min 控制，行走到位后，静停待梁体稳定后方可开始下落。图 6-16 为提升机带梁行走。

图 6-15 箱梁节段提升

图 6-16 提升机带梁行走

6.5.5 落梁技术

将箱梁节段下落至距橡胶支座顶面 1~2cm 时停止下放,待梁体稳定后,对各吊点反力差值和梁底各临时支点高差进行修正,然后采用设置在滑靴内的 4 台 400t 竖向千斤顶进行同步顶升"接梁"。

通过液压泵站按照 5MPa(顶升力约 28t)的力设定竖向千斤顶的额定输出油压,4 台竖向千斤顶进行同步低压顶升,单个千斤顶与预制梁底面接触后,由于泵站设定输出压力仅为 5MPa,千斤顶不足以顶起梁体,活塞杆受梁体负载作用停止顶升,其余未与梁体底面接触的千斤顶继续顶升,直至全部千斤顶均与梁体底面接触密实。然后按照单个临时支点反力的 10% 进行同步逐级加载,通过控制系统控制单位时间内进油量的大小,调整各个千斤顶活塞杆顶升速度的快慢,设定单次的顶升行程不超过 5mm,最终实现同步顶升,即将梁体调整至水平状态,完成"接梁"。

提升机松钩,箱梁节段由 4 台竖向千斤顶共同承重,4 台竖向千斤顶同步回程,箱梁节段同步转移至滑靴上,拆除吊具,完成箱梁节段吊装工作。图 6-17 为箱梁节段落梁施工现场。

图 6-17 箱梁节段落梁施工现场

6.6 箱梁节段胶拼控制技术

6.6.1 技术背景

目前,混凝土箱梁节段预制拼装基本采用顶推滑移施工工艺,传统的小断面单箱单室或单箱多室箱梁在顶推过程中不易开裂。而 PK 断面箱梁由于具有断面大、体积大等特点,在顶推滑移至胶拼位置的过程中容易出现支点失衡、偏载等问题,导致梁体局部开裂。关于 PK 断面箱梁节段空间姿态测控技术与防裂滑移系统未见相关文献报道,石首长江公路大桥首次采用箱梁节段滑移防裂控制技术,以适应在高位支架顶推滑移控制空间姿态。

6.6.2 箱梁空间姿态测控技术

根据 PK 混凝土箱梁节段预制、滑移、存梁过程中的不利工况计算分析得知,箱梁节段单支点与其他三点相对平面高程需控制在±5mm,可以保障混凝土箱梁的受拉状态符合规范要求,因此在滑移过程中需监测箱梁空间姿态。监测采用圆柱式"液态水平仪"(图 6-18),分别布置在四支点上方的箱梁顶板处,当四支点相对高程接近控制指标时,液态水平仪开始报警。此时,可通过计算机控制液压千斤顶调整箱梁支点的相对水平高程,以控制箱梁节段的空间滑移姿态。

图 6-18 圆柱式液态水平仪与滑移现场

6.6.3 千吨级混凝土预制梁段防裂滑移系统

1. 技术方案

千吨级混凝土预制梁段防开裂滑移系统是一种针对混凝土箱梁节段预制拼装研发的滑移控制系统,主要包括支撑装置、滑移装置、牵引装置。在支撑装置布置橡胶垫块,以形成"柔性"接触,形成密贴接触面并适应变形。行走时采用压力监测装置对支撑反力实时监测。采用液压千斤顶对支点高程进行调整,以保持四支点高程一致,防止偏载。

滑移装置设有滑道,利用滑靴在滑道实现行走。滑靴设有限位挡块,防止脱离滑道,保障箱梁节段行走安全。滑移时通过连接杆将滑靴与水平千斤顶相连,水平千斤顶顶撑在反力座,带动滑靴行走。千吨级混凝土预制梁段防裂滑移系统布置如图6-19所示。

2. 系统结构

系统结构如图6-19～图6-22所示。同步控制系统与液压动力操作系统如图6-23所示。

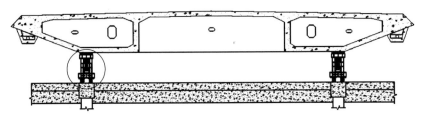

图6-19 千吨级混凝土预制梁段防裂滑移系统布置图

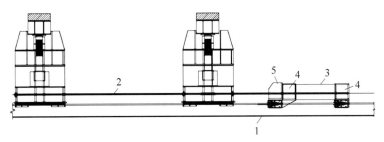

1—钢箱梁滑道;2—连接杆;3—千斤顶;4—分配梁;5—反力座。

图6-20 千吨级混凝土预制梁段防裂滑移系统整体立面图

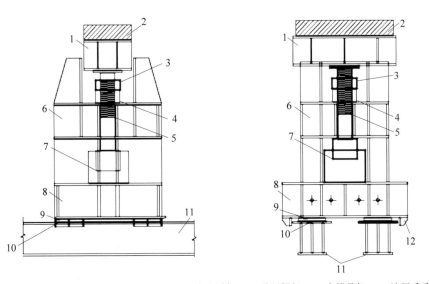

1—分配梁;2—橡胶块;3—承压螺母;4—环状压力监测仪;5—承压螺杆;6—支撑骨架;7—液压千斤顶;8—下部分配梁;9—滑靴;10—不锈钢面板;11—钢箱梁滑道;12—限位挡块。

图6-21 系统立面图与正面图

图 6-22　千吨级混凝土预制梁段防裂滑移系统

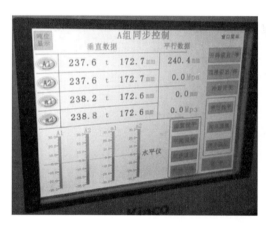 

图 6-23　同步控制系统与液压动力操作系统

6.6.4　箱梁节段胶拼施工工艺

PK 断面箱梁节段胶拼主要分为试拼、调位、涂胶、施加预应力 4 个步骤，其主要步骤如下：

（1）在胶拼前进行试拼，以确保节段胶拼空间位置一致，减少涂胶后位置调节时间。试拼时调整待拼节段标高，将箱梁节段拼接面靠拢，保证箱梁节段标高、中线、匹配面及预应力孔道接头的对位精度。

（2）梁段试拼后，将匹配块脱离 0.3m，箱梁节段标高和倾斜度不做调整，锁定四支点标高。

（3）匹配块脱离 0.3m 后涂胶，控制涂胶时间，避免环氧树脂失效。卸载竖向液压千斤顶后，精确测量并记录螺杆伸出基准面长度，对比试拼前、后螺杆伸出基准面的长度，精调长度超过 1mm 的螺杆，使螺杆伸出基准面长度与试拼成功时基本一致。

(4)在胶拼箱梁节段中插入剪力键,第一次张拉部分顶板、底板纵向体内预应力钢筋,使胶缝压力达 0.3MPa,12h 后第二次张拉至设计张拉量,最后将体内剩余预应力钢筋张拉到位,完成箱梁节段胶拼连接。

重复以上步骤,对 PK 混凝土箱梁节段进行胶拼,最后张拉纵向通长体外预应力束,实施体系转换,实现边跨组拼,完成主梁施工。

PK 断面箱梁节段预制胶拼施工现场如图 6-24、图 6-25 所示。

图 6-24 箱梁节段滑移

图 6-25 箱梁节段存梁

6.7 结束语

石首长江公路大桥为国内首例边跨主梁采用"桥位短线法"进行工厂化预制、胶拼施工的混合梁斜拉桥,"桥位短线法"有效控制了大体积混凝土水化效应及收缩、徐变引起的不利影响,将拼装线形误差控制在±2mm内,改善了边跨PK断面箱梁的施工质量,对实现混合梁斜拉桥百年服役的设计标准具有重要意义。

第7章

大跨度混合梁斜拉桥非对称施工阶段结构受力行为分析

7.1 概述

混合梁斜拉桥是一种由混凝土主梁、钢主梁、索塔、斜拉索等构件共同组成的高次超静定柔性结构,其结构内力分布非常复杂,且对建设过程和营运过程中各种影响因素的变化非常敏感。特别是受斜拉索弹性支承的加劲梁,钢主梁本身结构纤细,斜拉索索力的微小变化就能轻易改变其内力和变形状态。也正是斜拉桥具有这样的特点,所以通过适当调整斜拉索索力之后,加劲梁甚至全桥的内力和线形状态较容易改变而充分发挥结构本身的功能。在混合梁斜拉桥的施工过程中,施工阶段和成桥阶段几何线形的好坏取决于所采用的施工方法和施工顺序,而且结构内力和线形状态会随施工阶段结构体系、荷载形态或者其他因素的不断变化而改变,这些确定的和不确定的因素也最终影响结构的成桥状态。然而在施工过程中不可能让各项因素都与设计预计值完全一样,因为很有可能存在许多施工误差等。如果还是按照原计划的施工顺序进行施工,那么必然会使各构件的内力状态和最终的成桥线形偏离设计计算的目标值。

因此,必须对混合梁斜拉桥的全过程实施有效的施工控制,其目的就是通过精确计算分析并确定安全可靠的施工工序,而且随着施工阶段的推进,实时监测各构件工作状态,并及时分析监测结果与计算结果的差异,以便实时调整计算参数和施工工序,不但要确保在施工过程中各结构的安全,还要使果到成桥阶段时尽可能地符合设计理想线形和处于合理的内力状态。混合梁斜拉桥施工控制的特点主要是,通过适当调整施工工序和合理调整斜拉索的索力,不但可以使加劲梁和索塔受力均衡,还可以使成桥各构件线形符合设计预期值。

7.2 混合梁斜拉桥施工控制原则

混合梁斜拉桥施工时,在混凝土主梁现场浇筑或钢主梁悬臂拼装过程中,确保主梁标高正确和线形顺畅是第一位的,施工中以标高控制为主。二期恒载施工时为保证结构的整体内力和变形处于理想状态,拉索张拉时以索力控制为主。所谓以标高控制为主,并非只控制主梁的标高,而不顾及斜拉索索力的偏差。施工中应根据结构本身的特性和施工方法的不同,采取相应的控制策略。如主梁刚度较小,斜拉索索力的微小变化将引起悬臂端挠度的较大变化,斜拉索张拉时应以高程测量进行控制为主,但索力张拉吨位不能超过允许范围,应确保施工安全。若主梁刚度较大,斜拉索索力变化较大,而悬臂端挠度的变化却非常有限,则施工中应以斜拉索张拉吨位进行控制,然后根据标高的实测情况,对索力进行适当的调整。此时标高、线形的控制主要是通过混凝土浇筑前立模标高的调整(悬臂浇筑方法)或预制块件接缝转角的调整(悬臂拼装法)来加以实现的。

7.3 混合梁斜拉桥施工控制影响因素

由上所述,混合梁斜拉桥施工控制的主要目的是使施工实际状态最大限度地与理想设计状态(线形与受力)相吻合。但是混合梁斜拉桥施工过程复杂,影响因素繁多。在用有限元程序对桥梁模拟分析计算中,一般所取的参数为理想值,然而在实际施工过程中,各种影响参数并非理想值。如果在施工过程中不及时分析原因,并对各参数做出实时调整修改,桥梁结构的受力和线形都将偏离理论轨迹,导致最后达不到设计目标。因此,就必须全方位地了解可能使施工状态偏离理想设计状态的所有因素,以便有的放矢地对施工过程实施有效控制,使结构受力尽量靠近理想状态,最后使桥状态满足设计要求。

7.4 有限元分析方法

为准确分析混合梁斜拉桥钢混结合区的受力性能,提出混合梁斜拉桥四维多尺度有限元分析方法。采用精细化数值模拟技术,针对钢与混凝土两种材料特点建立一种混合梁斜拉桥非对称施工阶段的四维多尺度有限元模型,考虑混合梁斜拉桥结构及子结构、构件、材料尺度,同时考虑施工阶段的时间维度,弥补传统有限元模拟方法的不足,从而提高混合梁非对称施工过程模拟计算的精度。

针对混合梁斜拉桥钢混结合区受力性能研究的多尺度建模思路:建立大尺度的斜拉桥全桥杆系模型,并通过合理的界面连接将大尺度模型引入小尺度的局部结构精细模型中,以模拟其边界条件。

斜拉桥空间有限元模型一般可以分为三种:鱼骨式模型(杆系单元模型)(图7-1(a))、精细化模型(实体单元模型)(图7-1(b))与多尺度模型(杆系与实体单元组合模型)(图7-1(c))。为真实反映结构在施工阶段的受力状态,可采用介于鱼骨式模型与精细化模型之间的四维多尺度有限元模型。计算时除考虑三维空间维度反映的空间力学行为,同时考虑施工阶段时间维度,用以分析混凝土结构受时间影响的收缩徐变效应。该方法既可以研究整桥的受力变化,又可以研究细部、局部受力状态,对结构分析具有较高的实用价值。

与传统杆系模型和全桥精细化模型相比,四维多尺度有限元模型具有以下优势:

(1)提高了建模速度与模型可用概率。模型具有节点、单元用量少的特点,节约了计算资源,降低了运算不收敛的概率。

(2)提高了计算精度。为结构局部受力状态分析提供便利。

(3)提高了计算机运算效率。降低了计算机配置的使用标准,避免了全桥模型分析时间过长。

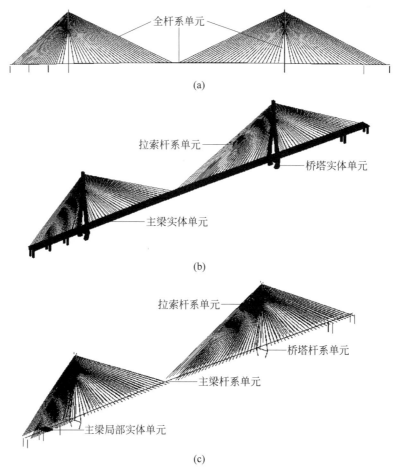

图 7-1 三种建模方法示意
(a) 鱼骨式模型(杆系单元模型);(b) 精细化模型(实体单元模型);(c) 多尺度模型(杆系与实体单元组合模型)

7.5 有限元建模

7.5.1 结构模型

大桥全桥模型采用 MIDAS Civil 2017 有限元软件进行模拟,其中边跨混凝土梁节段由 10 113 个节点、31 875 个实体单元建立,模型划分采用四边形网格;主塔、钢箱梁与斜拉索采用杆系结构建立,共 650 个单元、961 个节点。其中,索塔混凝土材料按 C50 选取弹性模量 $E=33.5\text{GPa}$,混凝土箱梁材料按 C55 选取弹性模量 $E_c=34.5\text{GPa}$,泊松比选取 0.2。钢箱梁材料按 Q345D 选取弹性模量 $E=210\text{GPa}$,泊松比为 0.3,同时考虑材料各向同性。

7.5.2 斜拉索模拟

抛物线法计算无应力索长精度可以满足 600m 级斜拉桥拉索建模的应用,但对 800m

以上跨度斜拉桥计算精度问题没有研究,因此,在此采用悬链线法计算无应力索长,从而提高 800m 级跨径斜拉桥模拟的计算精度。分析时,以拖动坐标法计入结构的大位移效应,引入梁单元的几何刚度矩阵来考虑重力二阶效应,基于 CR 列式全量法,以悬链线单元模拟斜拉索的垂度效应。

悬链线法认为平衡状态的斜拉索线形为悬链线(图 7-2)。图中,H_1 为梁端拉索处的水平张力分量;ε 为拉索塔梁锚固点间连线与索塔锚固端的夹角;h 为拉索两端节点的竖向距离;L 为拉索两端节点的水平距离;p 为索内沿索长均布的竖向荷载;H 为塔端拉索处的水平张力分量;α_A,α_B 分别为索梁、索塔锚固段出索口的倾角;T_A,T_B 分别为索塔和索梁锚固端拉索处的水平张力分量。

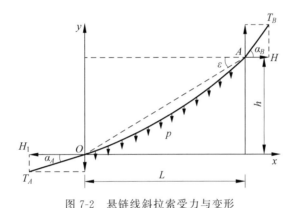

图 7-2 悬链线斜拉索受力与变形

通过隔离体受力微分方程与相似算法可以得出受力后拉索的总长度 S 为:

$$S = -\frac{H}{p}\left[\sqrt{1+k_B^2}\sinh\left(-\frac{pl}{H}\right) + k_B\cosh\left(-\frac{pL}{H}\right) - 1\right] \tag{7-1}$$

伸长量 ΔS:

$$\Delta S = \frac{H}{2EA}\beta\left[-\frac{H}{2p}\sinh\left(-\frac{2p}{H}L + 2C_1\right) + \frac{H}{2p}\sinh(2C_1) + L\right] \tag{7-2}$$

无应力索长 S_0:

$$S_0 = 2EAS^2 \Big/ \left\{2EAS + H\left[-\frac{H}{2p}\sinh\left(-\frac{2p}{H}L + 2C_1\right) + \frac{H}{2p}\sinh(2C_1)\right]\right\} \tag{7-3}$$

式中:E——拉索弹性模量,N/m^2;

A——拉索横截面面积,mm^2;

k_B——$\tan(\alpha_B)$;

C_1——通解,需代入具体边界条件确定。

7.5.3 边界条件

边界条件根据施工实际情况确定,其中,主塔墩底采用固定连接,施工阶段边跨混凝土箱梁底部支架采用弹性连接模拟,支架竖向刚度根据材料力学原理计算得出;约束横桥向与竖向,辅助与箱梁连接采用弹性支撑。具体如表 7-1 所示。

表 7-1　模型边界条件

桥墩号	墩底边界约束	结构接触类型	接触面边界约束
100 交界墩		墩顶与混凝土箱梁	
101 辅助墩		墩顶与混凝土箱梁	
102 辅助墩		墩顶与混凝土箱梁	D_x D_z
103 主塔	$D_x D_y D_z R_x R_y R_z$	下横梁与钢箱梁	R_x R_z
104 主塔		下横梁与钢箱梁	
105 辅助墩		墩顶与钢箱梁	
106 交界墩		墩顶与钢箱梁	

石首长江公路大桥四维多尺度模型如图 7-3 所示。

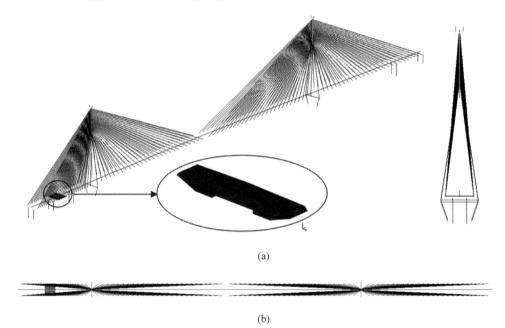

(a)

(b)

图 7-3　石首长江公路大桥四维多尺度模型
(a) 模型立面；(b) 模型平面

7.6　计算工况

根据混合梁斜拉桥的材料特点，计算考虑施工工况有混凝土的收缩徐变、顺桥向预应力以及结构自重、索力等。

7.6.1　箱梁收缩徐变

(1) 28d 龄期混凝土立方体平均抗压强度，采用公式：

$$f_{cm} = 0.8 f_{cm,k} + 8 \tag{7-4}$$

式中：$f_{cm,k}$——28d 混凝土立方体抗压强度标准值，即强度等级强度，本桥边跨主梁混凝土 C55 为 55MPa。

(2) 环境年平均湿度选取 77%。
(3) 构件理论厚度 h(mm)采用公式(7-5)计算：
$$h = 2A/\mu \tag{7-5}$$
式中：A——截面面积，mm^2；
μ——构件与大气接触的周边长度，mm。
(4) 水泥种类选取。按照普通硅酸盐水泥进行选取，β_{sc}(依水泥种类而定的系数)取 5.0。
(5) 收缩龄期：3d。

7.6.2 边跨混凝土预应力模拟

根据 MIDAS Civil 有限元软件设置，采用等效荷载模拟应力，并可考虑预应力损耗。全桥预应力钢绞线的技术标准符合《预应力混凝土用钢绞线》(GB/T 5224—2014)标准。边跨混凝土纵向预应力采用钢绞线的配置形式，采用公称直径 15.2mm，标准强度 f_{pk} = 1860MPa 的高强度松弛钢绞线。锚下张拉控制应力为 $0.75f_{pk}$ = 1395MPa。预应力参数设定如表 7-2 所示。

表 7-2 预应力参数设定

预应力类型	锚固回缩量/mm	孔道摩擦系数	泊松比	松弛率	张拉控制应力/MPa
预应力钢绞线	0.012	0.0015	0.25	0.025	1300
预应力螺纹钢筋	0.004	0.0015	0.4	0.05	747

7.6.3 桥面起重机荷载

根据现场选型起重机进行荷载设定，北侧主桥桥面起重机总重为 1880kN，南侧主桥桥面起重机总重 2310kN，两侧桥面起重机重量不等。

7.7 斜拉索初张力设定

根据设计给定的成桥状态，经过反复调索确定斜拉索初张力，施工过程中的初张力、桥面铺装前的调索力如表 7-3 所示。表 7-3 中的索力值是指单根塔端和梁端的平均索力。拉索编号示意如图 7-4 所示。

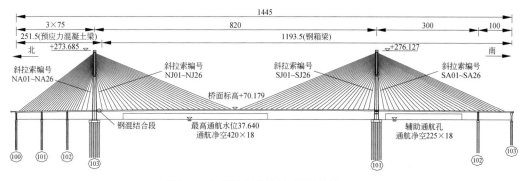

图 7-4 大桥斜拉索编号示意（单位：m）

表 7-3 施工阶段斜拉索初张拉力　　　　　　　　　　　　　　　kN

斜拉索编号	初张力	铺装前调索力	斜拉索编号	一张力	二张力	铺装前调索力
NA26	4700		SJ26	4363		4084
NA25	4605		SJ25	4551		4114
NA24	4558		SJ24	4701		3975
NA23	4640		SJ23	4916		3805
NA22	4615		SJ22	4060		
NA21	4546		SJ21	3950		
NA20	4451		SJ20	3762		
NA19	4315		SJ19	3627		
NA18	3998		SJ18	3520		
NA17	3438		SJ17	3385		
NA16	4009		SJ16	3318		
NA15	4304		SJ15	3100		
NA14	4436		SJ14	3024		
NA13	4283		SJ13	2951		
NA12	4121		SJ12	2774		
NA11	3836		SJ11	2662		
NA10	3842		SJ10	1573	2872	
NA09	3568		SJ09	2639		
NA08	3038		SJ08	2641		
NA07	1780		SJ07	2507		
NA06	3402		SJ06	2287		
NA05	4602		SJ05	2144		
NA04	5792		SJ04	2168		
NA03	7060		SJ03	2400		
NA02	8458		SJ02	2475		
NA01	9041		SJ01	2216		
NJ01	7663	8672	SA01	1984		
NJ02	4950	5731	SA02	2293		
NJ03	2536	3097	SA03	2224		
NJ04	2040	2305	SA04	2259		
NJ05	1782	1838	SA05	2153		
NJ06	1860	1697	SA06	2277		
NJ07	2440		SA07	2266		
NJ08	2684		SA08	2410		
NJ09	2793		SA09	2388		
NJ10	2885		SA10	1796	2892	
NJ11	2731		SA11	2942		
NJ12	2720		SA12	2850		
NJ13	2741		SA13	3041		

续表

斜拉索编号	初张力	铺装前调索力	斜拉索编号	一张力	二张力	铺装前调索力
NJ14	2889		SA14	3251		
NJ15	3079		SA15	3282		
NJ16	3239		SA16	3445		
NJ17	3324		SA17	3559		
NJ18	3459		SA18	3554		
NJ19	3517		SA19	3415	3866	
NJ20	3608		SA20	4510		
NJ21	3649		SA21	4549		
NJ22	3817		SA22	4568		
NJ23	4043		SA23	3631		4261
NJ24	4404		SA24	3753		4360
NJ25	4680		SA25	3770		4449
NJ26	4987		SA26	3757		4650

7.8 施工阶段受力分析

通过对大跨度混合梁斜拉桥进行施工阶段不利工况分析得到最大双悬臂状态、最大单悬臂状态以及合龙状态三种工况下的分析结果,大桥典型施工阶段划分如表 7-4 所示。

表 7-4 大桥典型施工阶段划分

编号	施工阶段	操作内容		结构状态	
		北侧	南侧	北侧	南侧
1	最大双悬臂阶段	混凝土箱梁节段拼装;悬拼钢箱梁 NZ20;挂设 NJ20 与 NA20 斜拉索	拼装 SZ20 与 SB20 钢箱梁节段;挂设 SJ20 与 SA20 斜拉索	非对称单悬臂	非对称最大双悬臂
2	最大单悬臂阶段	悬拼钢箱梁 NZ26;挂设斜拉索 NA26 与 NJ26	悬拼 SZ26 与 SB26 钢箱梁节段;挂设 SJ26 与 SA26 斜拉索	非对称最大单悬臂	非对称最大单悬臂
3	合龙阶段	悬拼施工 ZH27 钢箱梁节段	合龙状态		

7.8.1 最大双悬臂状态受力分析

1. 桥梁结构变形分析

在北侧张拉斜拉索 NA01~NA20、NJ01~NJ20,南侧张拉斜拉索 SJ01~SJ20、SA01~SA20 时,斜拉桥南侧结构处于最大双悬臂状态。根据计算结果,受张拉索力影响北侧桥塔顺桥向向北偏移 450mm,钢箱梁端头向上位移 1437mm,混凝土梁向上位移 0.8mm。南侧结构桥塔顺桥向向南偏移 130mm,跨中钢箱梁端头向上偏移 875mm,边跨钢箱梁端头向下位移 62mm。最大双悬臂状态结构位移如图 7-5 所示。

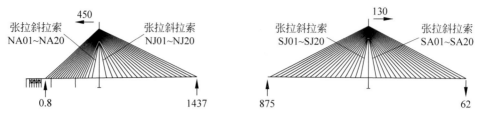

图 7-5 最大双悬臂状态结构位移示意

2. 主梁应力状态分析

北侧混凝土边跨拉索张拉后,混凝土箱梁顺桥向应力曲线如图 7-6 所示。通过计算结果可以看出,混凝土箱梁上、下翼缘顺桥向应力全部为压应力,这与纵向预应力钢束的影响密不可分。在斜拉索初张力的影响下,上翼缘最大压应力出现在里程 1150m 处,应力达到 -7 MPa,最小应力出现在里程 1010m 处,应力为 -2 MPa。下翼缘顺桥向最大应力出现在里程 1090m 处,应力为 -8.2 MPa,最小应力出现在梁端,接近 0MPa。

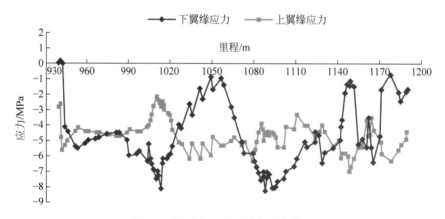

图 7-6 混凝土箱梁顺桥向应力曲线

受拉索张拉影响,钢箱梁顺桥向最大压应力为 -65 MPa(图 7-7),出现在里程 1200m(钢混结合段界面处),上翼缘压应力为 -65 MPa,下翼缘拉应力约为 $+20$ MPa,应力变化幅度较大,北侧钢箱梁上、下翼缘应力随着靠近跨中距离逐渐减小。大桥南侧钢箱梁上翼缘应力最大为 -63 MPa,下翼缘为 $+3$ MPa,应力随着远离跨中而增大,到边跨悬臂段逐渐减小。

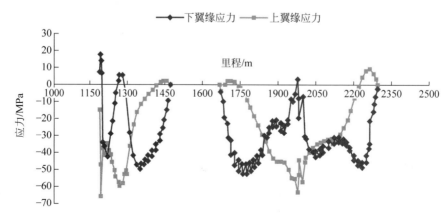

图 7-7 钢箱梁顺桥向应力曲线

3. 桥塔应力状态分析

计算结果显示,在最大双悬臂状态下,北侧桥塔从塔基处随着高度的增加,应力随之增大,在塔高60m处开始衰减,最大压应力为−11MPa(60m处),到260m处,接近无应力状态。南侧桥塔应力最大为−7MPa,位于桥塔60m处,然后随着塔柱升高而减小,到260m时接近无应力状态(图7-8)。

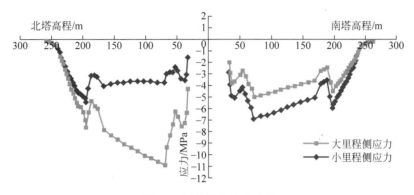

图7-8 桥塔结构应力曲线

4. 斜拉索索力状态分析

在最大双悬臂结构状态下,斜拉桥索力最高接近8000kN(NA01索),位于混凝土边跨挂设的第一条索位置,边跨平均索力在3000~4000kN。北侧钢箱梁索力从NJ05索开始逐渐增大,索力相对平缓,最大索力约3500kN。南侧钢箱梁最大索力位于SA20索,索力约4500kN,南侧钢箱梁索力范围在2000~4500kN,变化平缓,未见突变现象(图7-9)。

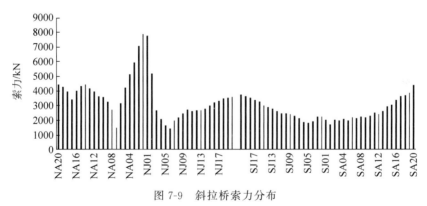

图7-9 斜拉桥索力分布

7.8.2 最大单悬臂状态受力分析

1. 桥梁结构变形分析

在北侧张拉斜拉索NA01~NA26、NJ01~NJ26与南侧张拉斜拉索SJ01~SJ26、SA01~SA26时,斜拉桥南侧结构处于最大单悬臂状态(图7-10)。根据计算结果,受张拉索力影响北侧桥塔顺桥向向北偏移398mm,钢箱梁端头向上位移1990mm,混凝土梁向上位移0.6mm。南侧桥塔顺桥向向南偏移120mm,跨中钢箱梁端头向上偏移1988mm,边跨钢箱梁端头向下位移125mm。

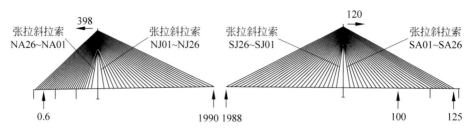

图 7-10　最大单悬臂状态结构位移示意

2. 主梁应力状态分析

通过计算结果可以看出,混凝土箱梁上、下翼缘顺桥向应力全部为压应力。在斜拉索初张力的影响下,上翼缘最大压应力出现在里程 1150m 处,应力为 -8 MPa,最小应力出现在里程 320m 处,应力为 -2.9 MPa。下翼缘顺桥向最大应力出现在里程 1090m 处,应力为 -9.2 MPa,最小应力出现在梁端,接近 0MPa(图 7-11)。

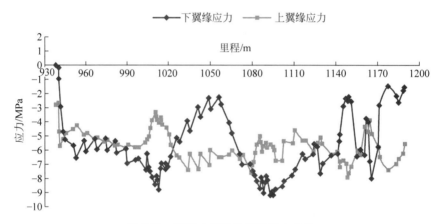

图 7-11　混凝土箱梁顺桥向应力曲线

受拉索张拉影响,钢箱梁顺桥向最大压力出现在里程 1200m(钢混结合段界面处),上翼缘压应力为 -85 MPa,下翼缘为拉应力 $+25$ MPa,应力变化幅度较大,北侧钢箱梁上、下翼缘应力随着靠近跨中距离逐渐减小。大桥南侧钢箱梁上翼缘应力最大为 -85 MPa,下翼缘应力最大为 -68 MPa,应力随着远离跨中而增大,到边跨逐渐减小(图 7-12)。

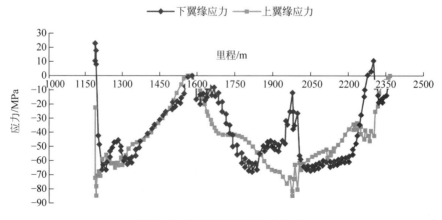

图 7-12　钢箱梁顺桥向应力曲线

3. 桥塔应力状态分析

计算结果显示,在最大单悬臂状态下,北侧桥塔从塔基处随着高度的增加,应力随之增大,在塔高60m处开始衰减,最大压应力为−11.2MPa(60m处),到260m处,接近无应力状态。南侧桥塔应力最大为−7.5MPa,位于桥塔60m处,然后随着塔柱升高而减小,到260m时接近无应力状态(图7-13),该应力变化趋势与最大双悬臂状态相似。

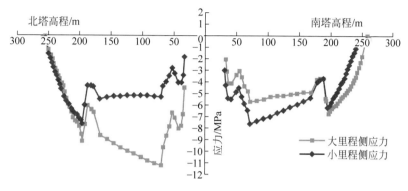

图7-13 桥塔结构应力曲线

4. 斜拉索索力状态分析

在最大单悬臂结构状态下,斜拉桥索力最高接近8000kN(NA01索),位于混凝土边跨挂设的第一条索位置,边跨平均索力在3000~4500kN。北侧钢箱梁索力从NJ05索开始逐渐增大,索力相对平缓,最大索力达到5000kN(NJ25索)。南侧钢箱梁最大索力位于SA22索,索力约4500kN,南侧钢箱梁索力范围在1800~4500kN,变化平缓,无突变索力出现(图7-14)。

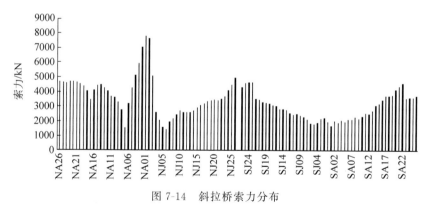

图7-14 斜拉桥索力分布

7.8.3 合龙状态

1. 桥梁结构变形分析

大桥开始架设合龙段,此时斜拉桥南、北侧结构处于最大单悬臂状态。根据计算结果,受合龙段影响北侧桥塔顺桥向向北偏移375mm,混凝土梁向上位移0.6mm。南侧桥塔顺桥向向南偏移85mm,跨中钢箱梁端头向上位移1625mm,边跨钢箱梁端头向上位移0.5mm(图7-15)。

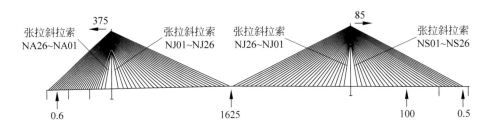

图 7-15 合龙状态结构位移示意

2. 主梁应力状态分析

在大桥合龙时,混凝土箱梁上、下翼缘顺桥向应力全部为压应力。在斜拉索初张力的影响下,上翼缘最大压应力出现在里程 1080m 处,应力为 −7.5MPa,最小压应力出现在里程边跨主梁末端处,应力为 −2.5MPa。下翼缘最大压应力出现在里程 1010m 处,应力为 −10MPa,最小压应力出现在边跨主梁末端,接近 0MPa。混凝土箱梁顺桥向应力曲线如图 7-16 所示。

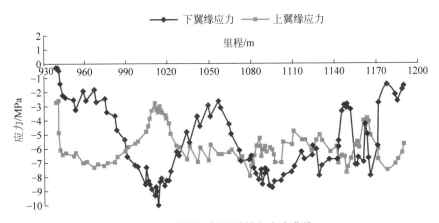

图 7-16 混凝土箱梁顺桥向应力曲线

大桥合龙后,钢箱梁顺桥向最大压应力出现在里程 2000m 处,上翼缘压应力约为 −90MPa,下翼缘压应力约为 −10MPa,应力变化幅度较大,北侧钢箱梁上、下翼缘应力随着靠近跨中距离减小逐渐减小。大桥南侧钢箱梁上翼缘应力最大为 −90MPa,下翼缘应力最大为 −70MPa,应力随着远离跨中而增大,到边跨逐渐减小(图 7-17)。

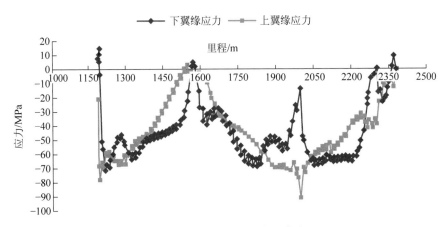

图 7-17 钢箱梁顺桥向应力曲线

3. 桥塔应力状态分析

大桥合龙后,北侧桥塔从塔基处随着高度的增加,应力随之增大,在塔高60m处开始衰减,最大压应力为-11MPa(60m处),到260m处,接近无应力状态。南侧桥塔应力最大为-7.2MPa,位于桥塔60m处,然后随着塔柱升高而减小,到260m时接近无应力状态(图7-18),该应力变化趋势与前两种状态相似。

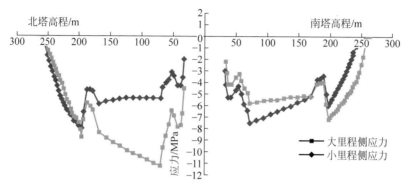

图 7-18　桥塔结构应力曲线

4. 斜拉索索力状态分析

合龙状态下,斜拉桥索力最高接近8000kN(NA01索),位于混凝土边跨挂设的第一条索位置,边跨平均索力在3000~4500kN。北侧钢箱梁索力从NJ05索开始逐渐增大,索力相对平缓,最大索力达到5000kN(NJ25索)。南侧钢箱梁最大索力位于SA22索,索力约4500kN,南侧钢箱梁索力范围在1800~5000kN,变化平缓,索力与最大单悬臂状态相近,无明显变化(图7-19)。

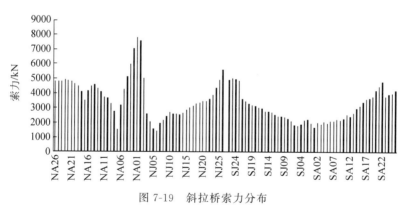

图 7-19　斜拉桥索力分布

7.9　计算结果对比

7.9.1　位移对比分析

通过对比三种施工阶段结构受力状态的计算结果(表7-5)得知:

表 7-5　不同施工阶段结构位移

施工阶段	结构位移					
	边跨主梁	北桥塔	跨中主梁	跨中主梁	南桥塔	边跨主梁
最大双悬臂/mm	+0.8	+450	+1437	+875	−130	−62
最大单悬臂/mm	+0.6	+398	+1990	+1998	−120	+125
合龙/mm	+0.6	+375	+1625	+1625	−85	+0.5
最大差值/mm	0.2	75	553	1123	45	187
变化率/%	25	16.7	27.8	56.2	34.6	149.6

注：桥塔位移"+"为北侧偏移，"−"为南侧偏移。

(1) 北侧桥塔最大位移差值为 75mm，位移变化率为 16.7%；南侧桥塔最大位移差值为 45mm，位移变化率为 34.6%，北桥塔与南桥塔相比位移较大，但位移变化率小于南桥塔。三种施工阶段下北桥塔整体位移变化较大，南桥塔位移量变化相对较小。

(2) 边跨混凝土主梁由于体积大，重量大，斜拉索张拉作用下，梁端位移较小，总体变化为 0.2mm，混凝土主梁基本未产生位移，拉索对混凝土主梁位移影响较小。南侧边跨钢主梁位移由 −62mm 变化至 +125mm，最大位移差值 187mm，这是由拉索索力变化引起的，相比混凝土主梁钢箱梁侧位移敏感性较强，拉索对钢箱梁位移影响较大，但不影响结构安全性。

(3) 北侧悬臂跨中主梁位移最大产生在最大单悬臂阶段，位移为 +1990mm，最小位移出现在最大双悬臂阶段，位移为 1437mm。南侧跨中主梁最大位移出现在最大单悬臂阶段，位移为 +1998mm，最小位移在最大双悬臂阶段，位移为 +875mm，当合龙时位移为 +1625mm。这说明南北侧混凝土主梁受结构形式、自重、索力分配等不同因素影响。

7.9.2　应力对比分析

(1) 根据计算结果表 7-6 分析，混凝土主梁在三种施工阶段情况下上翼缘应力变化范围在 −7～−10MPa，出现在合龙施工阶段，应力小于 C55 抗压强度标准值，可以保障箱梁在施工过程中的安全性及可靠性。

表 7-6　混凝土主梁应力状态　　　　　　　　　　　MPa

应力	施工阶段					
	最大双悬臂		最大单悬臂		合龙	
	上翼缘	下翼缘	上翼缘	下翼缘	上翼缘	下翼缘
σ_{max}	−7	−8.2	−9	−9.2	−7.5	−10
σ_{min}	−2	0	−2.9	0	−2.5	0

(2) 钢主梁在三种施工阶段情况下，上翼缘最大应力变化范围在 −65～−90MPa，下翼缘最大应力变化范围在 −63～−90MPa（表 7-7），远小于 Q345 允许应力值，说明三种阶段斜拉索张拉力合理，钢箱梁结构整体受力均匀，可以保障结构安全性。

表 7-7　钢主梁应力状态　　　　　　　　　　　　　　　　　MPa

应力	施工阶段					
	最大双悬臂		最大单悬臂		合龙	
	上翼缘	下翼缘	上翼缘	下翼缘	上翼缘	下翼缘
σ_{max}	−65	−63	−85	−85	−90	−90
σ_{min}	+20	+3	+25	−68	−10	−68

（3）桥塔在三种施工阶段应力状态分别为−11.0MPa、−12MPa、−11.0MPa（表 7-8），应力基本保持均衡，且全部为压应力，满足桥塔受力需要，不存在结构开裂风险。

表 7-8　桥塔应力状态　　　　　　　　　　　　　　　　　MPa

桥塔	施工阶段		
	最大双悬臂	最大单悬臂	合龙
北侧桥塔	−11.0	−12.0	−11.0
南侧桥塔	−7.0	−7.5	−7.2

7.9.3　主梁横向变形分析

为研究主梁在施工过程中是否存在横向大变形，导致混凝土箱梁受拉开裂或钢箱梁出现翘曲失稳，故采用四维多尺度模型对横向变形进行计算分析。通过 MIDAS Civil 2017 计算结果，建立混凝土箱梁在合龙状态下的沿横桥向分布的竖向位移曲线，如图 7-20 所示。由图 7-20 可见，PK 箱梁节段整体竖向位移较小，顶板：最大正位移约 1.2mm，出现在 2.5m 处和 15m 处（腹板）；最大负位移约 0.4mm，出现在风嘴位置。底板：最大正位移约 0.9mm，出现在靠近风嘴位置；最大负位移约 0.4mm，出现在空腔位置。总体来看，顶底板位移变化差异较小，对结构安全无影响。

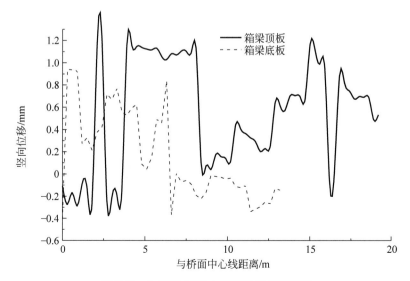

图 7-20　1/2PK 混凝土箱梁竖向位移曲线

标准钢箱梁节段在合龙状态下竖向变形如图 7-21 所示。最大竖向负位移为 6.9mm,最大正位移 0.6mm,变形平缓,没有发生翘曲变形,结构安全。

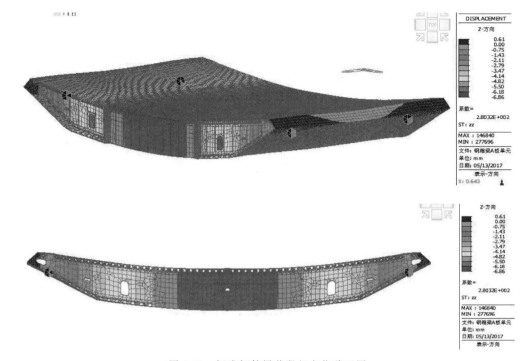

图 7-21 标准钢箱梁节段竖向位移云图

7.10 结论

通过 MIDAS Civil 2017 建立四维多尺度有限元模型,经计算分析得到以下结论:

(1) 在斜拉桥最大双悬臂、最大单悬臂以及合龙阶段,北桥塔最大偏移量为 450mm,最小偏移量为 375mm,位移变化率为 16.7%;南桥塔最大偏移量为 130mm,最小偏移量为 85mm,位移变化率为 34.6%,桥塔最大应力 −12MPa,说明三种施工阶段对桥塔位移影响较大,对桥塔受力状态影响较小,可以保障结构施工安全。

(2) 施工过程中钢箱梁应力变化范围较小,上翼缘应力变化范围在 −65~−90MPa,下翼缘应力变化范围在 −63~−90MPa,远小于 Q345 允许应力值,说明三种阶段时斜拉索张拉力合理,钢箱梁结构整体受力均匀。

(3) 混凝土主梁在自重、斜拉索张拉力、收缩徐变等影响下,竖向变形根据梁体横向刚度分配而产生,受横向预应力影响,风嘴产生下挠 −0.4mm,梁体竖向最大变形为 +1.2mm,变形较小,施工阶段可以保障结构安全。钢箱梁横向变形较为平缓,最大位移为 −6.9mm,跨中下挠,结构在施工阶段安全可靠。

(4) 四维多尺度有限元模型在计算全桥整体受力及变形的同时还可以分析结构局部变形状态,相比传统杆系模型计算方便,精度较高。

7.11 结束语

通过四维多尺度模型,对非对称混合梁斜拉桥单侧大悬臂阶段的受力状态进行计算,对索力、应力、位移等力学指标进行分析,研究了主梁、索、塔以及钢混结合段的受力特征,从而得到非对称施工阶段中的未成桥状态下的力学行为及结构应力状态的变化趋势,为混合梁斜拉桥中、边跨主梁非对称施工控制技术方案提供设计依据。

第8章

大跨度混合梁斜拉桥主梁总体施工方案优化设计

大跨度混合梁斜拉桥主跨钢箱梁一般采用水上运输,利用桥面起重机悬拼施工,边跨混凝土梁一般采用支架现浇法施工。传统施工工艺施工速度较快,但无法克服支架弹性变形、模板刚度不足、软基地层沉降、收缩徐变、大体积混凝土水化效应等因素影响,对边跨混凝土主梁的质量控制难度较大。常出现浇筑质量差、线形误差大以及水化效应引起的混凝土开裂现象。为解决此类问题,大跨度混合梁斜拉桥边跨施工可以采用"节段预制拼装法"施工,以最大限度地提高施工质量。

本章以石首长江公路大桥为研究背景,对大跨度混合梁公路斜拉桥进行总体施工方案设计和优化,针对结构特性、地质条件,在综合考虑大型装备及技术能力等多方面因素下建立一套完整的大跨度混合梁斜拉桥的非对称同步施工方案,提出边跨PK断面箱梁的"桥位短线法节段预制、拼装施工工艺"。

8.1 大桥总体施工方案

石首长江公路大桥为非对称混合梁斜拉桥结构,故在建设中采用非对称、同步施工方法,以提高建桥速度。大桥南边跨主梁采用水中支架存梁,浮吊与桥面起重机配合双悬臂拼装施工方案。北侧采用船运、浮吊单悬臂拼装方案。施工步骤如下。

步骤1(图8-1(a)):待基础施工完成后,进行南北两主塔分节段施工,主塔施工期间,进行边跨辅助墩施工。同时,进行南侧边跨混凝土梁滑移支架及预制梁场施工,开始混凝土梁节段预制、提升、滑移到位存放等工序的施工;北侧钢箱梁存梁支架施工。

步骤2(图8-1(b)):钢混结合段利用浮吊提升到位后,先与混凝土箱梁结合后,开始混凝土箱梁胶拼。石首侧墩顶钢箱梁节段利用浮吊吊装到位,其余钢箱梁吊装存放。

步骤3(图8-1(c)):主塔施工完成、混凝土箱梁胶拼完成首孔后,南侧开始钢箱梁单悬臂拼装;北侧开始钢箱梁对称双悬臂拼装。

步骤4(图8-1(d)):北侧钢箱单悬臂拼装,斜拉索对称挂设的同时,混凝土箱梁较中跨钢箱梁提前一孔进行胶拼作业。钢箱梁悬臂拼装至合龙口,两台架梁起重机同步抬吊合龙段进行钢箱梁合龙。

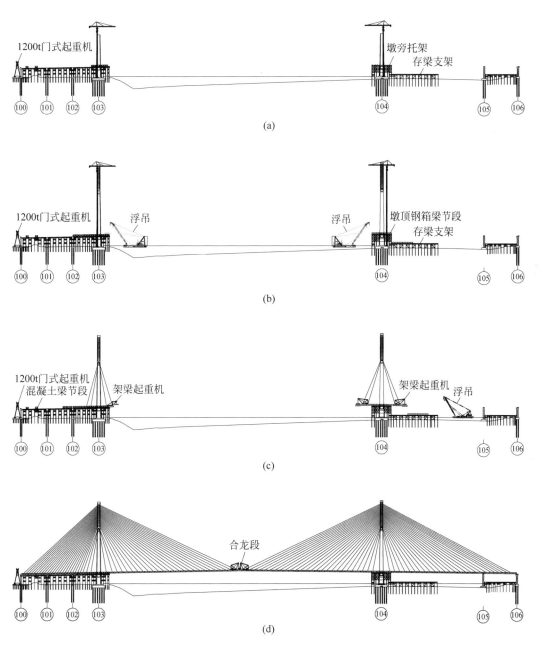

图 8-1 石首长江公路大桥总体施工方案

主梁施工现场如图 8-2 所示。

(a)

(b)

图 8-2　边跨主梁施工场地
(a) 桥墩现场位置；(b) 101～103 号墩现场位置

8.2　施工方案对比分析

8.2.1　支架现浇施工方案

受粉细砂地质条件影响，大桥北边跨混凝土梁施工采用支架现浇难度较大，支架沉降控制无法达到预期目标。对于 3×75m 混凝土箱梁，支架沉降会直接影响现浇混凝土箱梁线形，且大体积混凝土水化效应影响严重，存在较大的开裂风险。同时，收缩、徐变效应也会对混凝土产生较大的负面影响，施工质量不易控制。

8.2.2 支架节段预制拼装施工方案

采用支架上节段预制拼装施工边跨混凝土箱梁,横桥向需要布置大量支架,以便创造足够的空间方便施工,尽管在一定程度上可以提高施工质量,但该方案成本较高,工期以及高空预制过程控制难度较大,同样不易采用。

8.2.3 桥位短线法节段预制拼装施工方案

采用桥位短线法节段预制拼装施工方案,对大断面PK断面箱梁采用地面工厂化预制,提升至支架,滑移就位后节段胶拼的施工工艺,克服软基地层引起的支架沉降、大体积混凝土水化效应以及混凝土材料的收缩徐变,并提供了足够的箱梁预制空间,方案基本可行。方案对比如表 8-1 所示。

表 8-1 方案对比

编号	方案	优势	劣势	意见
1	支架整体现浇	施工速度快、成本低	线形与质量差	不采纳
2	支架节段预制拼装	施工质量较高	支架用量大、材料成本高	不采纳
3	桥位短线法预制拼装	线形质量可控	工期较长、成本略高	采纳

综上所述,综合对比三种方案,方案3"桥位短线法预制拼装"具有质量控制及成本优势,可满足大跨度混合梁斜拉桥百年服役的标准要求,施工方案予以采纳。

8.3 大桥北边跨主梁总体施工方案

石首长江公路大桥北边跨主梁采用"桥位短线法"工厂化预制、胶拼的施工方案。根据总体施工需要,设置现场施工功能区,其中包括:原材料存放区、钢筋加工区、钢筋存放区、两个绑扎台座、模板修正区以及两个浇筑台座和一个匹配台座。在100号桥墩处设置滑移支架直至桥塔北岸边,箱梁节段预制施工场地布置如图 8-3、图 8-4 所示。

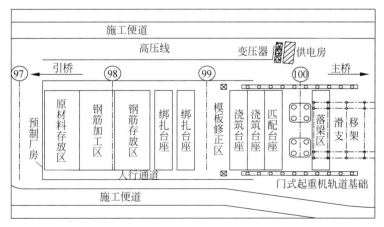

图 8-3 北边跨主梁施工场地布置

图 8-4 桥位短线法节段预制拼装施工虚拟现场

8.4 装备选型

根据大桥北边跨主梁施工需要,对混凝土预制节段运输进行装备选型。根据边跨主梁类型划分,箱梁节段分为 13 个截面,共 36 个节段,节段长 5.0～7.5m,最小吊装质量 736.1t,最大吊装质量 1047.9t。故选用两台门式起重机,起重量分别为 1100t 和 100t。其中,100t 门式起重机主要用于钢筋笼以及材料与设备的运输任务,1100t 门式起重机用于将箱梁节段提升至存梁支架(图 8-5),等待胶拼。

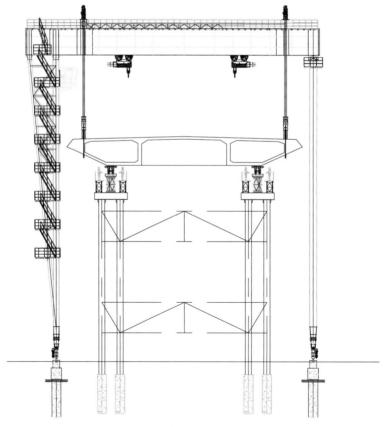

图 8-5 1100t 门式起重机箱梁节段提升示意

8.5 存梁支架布置

存梁支架设置在 100 号墩与 103 号墩之间,钢混结合段存梁支架设置在 103 号墩前至江岸位置。PK 断面混凝土箱梁在地面节段预制完成后,通过提升机运输至支架存梁。存梁支架布置如图 8-6 所示,存梁支架与门式起重机布置现场如图 8-7 所示。

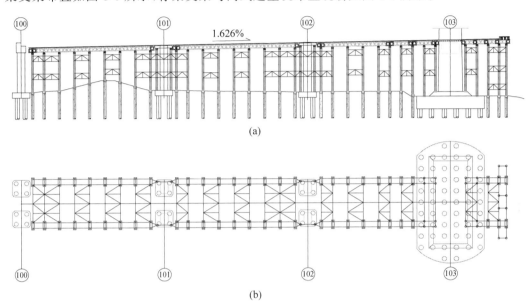

图 8-6 存梁支架布置
(a) 立面图;(b) 平面图

图 8-7 存梁支架与门式起重机布置现场

具体施工步骤如下：

步骤1：在北边跨97～100号墩之间建设预制场，完成主桥混凝土箱梁预制场地的钻孔桩、条形基础与存梁、移梁支架的地基处理。

步骤2：完成箱梁地面钢筋绑扎台座、预制台座及匹配台座的地基处理，在100号墩北侧安装起1100t的特种门式起重机，完成施工场地布置和设备摆放等准备工作。

步骤3：在地面预制台座上开始逐节匹配预制N1～N36混凝土箱梁节段，张拉预制节段的横向预应力钢筋。匹配预制下一个箱梁节段，浇筑混凝土待强度达到指定标准后将箱梁节段分离，然后张拉预应力钢束。

步骤4：提升箱梁节段至100号墩顶平台存放，依次预制、张拉各箱梁节段部分预应力钢筋，并滑移至支架上拼装位置，存梁3个月。

步骤5：在剪力键与箱梁节段横截面涂抹环氧树脂，张拉顶、底板纵向体内预应力钢筋，使胶缝压力达到设计值，在规定时间内进行第二次张拉，然后按标准张拉剩余体内预应力钢筋到设计张拉量。

步骤6：待节段按以上步骤拼装完成后，张拉纵向体外预应力钢筋，完成混凝土箱梁节段拼装和体系转换。箱梁节段拼装现场如图8-8～图8-11所示。

图8-8　箱梁节段预制模板修整现场

图8-9　箱梁节段预制现场

图 8-10　箱梁提升与落梁现场

图 8-11　箱梁提升与存梁现场

8.6　结　论

石首长江公路大桥受地质条件与施工场地空间的影响,北边跨主梁施工采用传统"支架现浇"与"支架预制"的方法受到制约,且 PK 混凝土箱梁节段具有横向跨度大、吨位大、抗扭刚度弱的结构特点,在 PK 断面混凝土箱梁节段预制、运输、胶拼过程中可能会出现支点受力不均匀,导致结构出现"剪力滞效应",引起局部开裂。为保障施工质量,提高预制节段的线形精度,避免大体积混凝土水化效应带来的不利影响,首次提出采用"桥位短线法"工厂化预制、胶拼的施工方案,该方案将大跨度混合梁斜拉桥边跨主梁施工线形控制在±2mm,且未出现明显的有害裂缝,与国内外同类型桥梁施工方案相比,该方案具有一定的先进性,可为后续类似工程施工提供借鉴。

第9章 索塔锚固结合部技术研究

9.1 概述

斜拉桥索塔的拉索锚固区是将斜拉索的局部集中力分散到全截面,并安全、均匀地传递到锚固区下部塔柱的重要受力构造区。斜拉桥索塔锚固区因为承受强大的集中力作用,锚固区构造和受力状态均较为复杂,是控制设计的关键部位,结构可靠与否,将直接关系到整座大桥的安全。

大跨径斜拉桥的索塔锚固一般采用3种锚固形式:环向预应力锚固、钢锚箱锚固和钢锚梁锚固。

(1)环向预应力锚固是将斜拉索锚固于横桥向塔壁内侧的齿块上,通过在混凝土塔壁中布设井字形或U形预应力束避免塔壁在拉索水平分力作用下开裂,其优点是造价低,后期维护工作量小,但是全部工序需要高空作业,施工精度和质量难以保证。

(2)钢锚箱锚固是将斜拉索锚固于钢锚箱的锚头上,锚箱通过竖直的侧板或端板上布置的连接件与塔壁相连。斜拉索竖向分力由塔壁承担,水平分力由锚箱和塔壁共同承担,因而仍需在混凝土塔壁中布设预应力筋来避免塔壁开裂。

(3)钢锚梁锚固是将斜拉索锚固于钢锚梁两端的锚头上。钢锚梁沿顺桥向安置在塔壁内侧的牛腿上,锚梁腹板承受拉索水平分力平衡的部分,而水平分力不平衡的部分和竖向分力由塔壁承担。

钢锚箱锚固和钢锚梁锚固属于索塔组合索塔锚固形式,主要以钢结构承担拉索水平拉力,以混凝土承担竖向压力,发挥材料各自的优势,特别适用于大跨径桥梁。

钢锚梁索塔组合索塔锚固结构具有以下优点:

① 斜拉索水平分力主要由钢锚梁承担,减少了塔壁中预应力筋的布置。
② 钢锚梁可以在工厂预制,加工精度更高,拉索倾角定位准确,施工质量有保障。
③ 钢锚梁在工厂预制、现场安装,与塔柱施工同步进行,可以有效缩短施工周期。
④ 钢锚梁两端可以做微小的自由移动和转动,由温度引起的约束力较小。

9.2 钢锚梁索塔锚固结合部发展

世界上第一座采用钢锚梁组合锚固结构的斜拉桥是加拿大的安纳西斯(Annacis)桥,主跨465m,建于1986年。此后,钢锚梁组合锚固形式也在我国的上海南浦大桥、东海大桥主航道桥、江苏灌河大桥应用。这些早期的斜拉桥桥塔常采用混凝土牛腿实现钢锚梁与塔壁的连接,如图 9-1 所示。

由于混凝土牛腿受力较复杂且凸出塔壁不利于滑模施工,近年出现了采用钢牛腿的结构形式,如九江长江公路大桥、望东长江大桥等。钢牛腿焊接在一块钢壁板上,吊装定位后与劲性骨架连接,钢壁板上焊接连接件与塔壁连成一体,如图 9-2 所示。

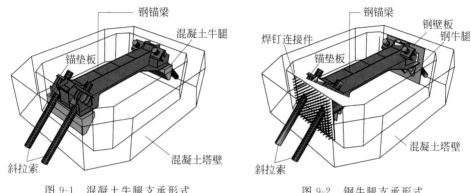

图 9-1　混凝土牛腿支承形式　　　　图 9-2　钢牛腿支承形式

2007 年建成通车的桂林南洲大桥是钢牛腿在国内索塔锚固区应用的第一座桥梁,其结构形式如图 9-3 所示。其剪力连接件采用的是剪力群钉,竖向索力通过钢壁板上的群钉传递到混凝土桥塔承担,钢锚梁承担水平索力。

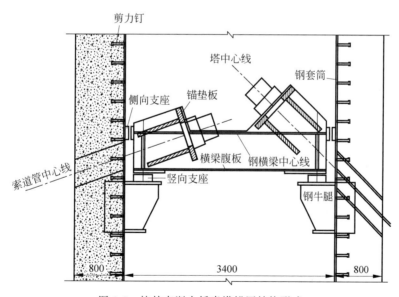

图 9-3　桂林南洲大桥索塔锚固结构形式

舟山金塘大桥采用新型钢锚梁构造形式,如图 9-4 所示。针对空间索面横向水平力问题,将斜拉索锚固构造焊在锚固梁两侧,1 根钢锚梁连接 4 根斜拉索,横向水平力由钢锚梁自身平衡。针对钢锚梁锚固施工不便的缺点,采用钢牛腿代替混凝土牛腿,并利用端壁板连接钢牛腿和混凝土塔柱,端板设置连接件保证和塔柱混凝土的可靠连接。端板沿上塔柱通长设置,这是改进方案的主要亮点,通长布置的端板同时作为混凝土施工的模板,因此内壁也可以方便地利用滑模施工。这种结构与钢锚箱类似,但又具有钢锚梁可以滑动的优点。

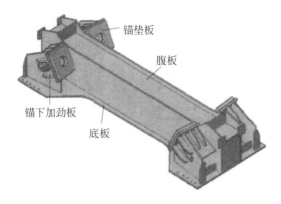

图 9-4　舟山金塘大桥钢锚梁构造

荆岳长江大桥为平行双索面斜拉桥,主桥索塔锚固结构采用钢锚梁组合索塔锚固形式。钢锚梁结构采用以往的单个梁锚固两个斜拉索的锚固方案,同时采用钢牛腿和钢壁板的结构形式,如图 9-5 所示。为降低塔壁混凝土分配的拉力,斜拉索张拉过程中钢锚梁与塔壁钢牛腿一端固接、一端滑动;拉索锚固后,钢锚梁与塔壁钢牛腿两端固接;考虑运营期在换索、拉索失效等工况下混凝土塔壁的受力安全,在索塔锚固区混凝土塔壁设置了少量的预应力钢筋。

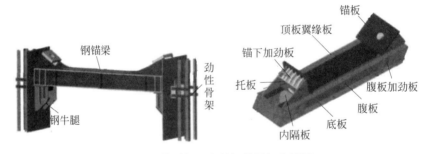

图 9-5　荆岳长江大桥钢锚梁组合锚固

南溪长江大桥采用的钢锚梁型组合锚固结构如图 9-6 所示。南溪长江大桥为双塔双索面密索体系斜拉桥,其钢锚梁采用类似金塘大桥的"一梁托两索"形式,钢锚梁支承在钢牛腿顶板的聚四氟乙烯滑板上,剪力连接件采用焊钉连接件。

可见,钢锚梁型组合锚固结构能适应各种形式的索面,具有较强的结构适应性,且具有参与大跨径斜拉桥索塔锚固方案的竞争力。另外,钢锚梁、钢壁板和连接件等构件均能实现工厂预制和现场拼装,使桥塔的施工较采用混凝土牛腿支承方案时更加方便,在近年的斜拉桥索塔锚固中得到广泛的应用。国内部分钢锚梁组合索塔锚固结构斜拉桥工程实例见表 9-1。

当斜拉桥主跨超过 500m 时,若选用钢锚梁型锚固结构,配合钢牛腿使用将是以后钢锚梁型组合锚固结构的发展趋势。且连接件形式有多种备选方案:开孔板连接件、焊钉连接件或二者的结合等,均可保证钢混连接部结合面的可靠连接和索力的有效传递。

图 9-6　南溪长江大桥索塔锚固结构钢牛腿

表 9-1　钢锚梁应用工程实例

编号	桥　　名	主跨跨径/m	国家	建成年份	牛腿形式
1	安纳西斯(Annacis)桥	465	加拿大	1986	混凝土牛腿
2	上海南浦大桥	423	中国	1991	混凝土牛腿
3	上海徐浦大桥	590	中国	1997	混凝土牛腿
4	招宝山大桥	258	中国	2001	混凝土牛腿
5	东海大桥主通航孔	420	中国	2005	混凝土牛腿
6	江苏灌河大桥	340	中国	2006	混凝土牛腿
7	天兴洲大桥	504	中国	2009	混凝土牛腿
8	苏拉马都(Suramadu)桥	434	印度尼西亚	2009	混凝土牛腿
9	上海闵浦大桥	708	中国	2010	混凝土牛腿
10	松花江大桥	268	中国	2011	混凝土牛腿
11	丁字河口大桥	200	中国	2012	混凝土牛腿
12	西固黄河大桥	360	中国	2017	混凝土牛腿
13	南洲大桥	144	中国	2007	钢牛腿
14	舟山金塘大桥	620	中国	2009	钢牛腿
15	荆岳长江大桥	816	中国	2010	钢牛腿
16	黄墩大桥	165	中国	2011	钢牛腿
17	厦漳跨海大桥	780	中国	2013	钢牛腿
18	九江长江大桥	818	中国	2013	钢牛腿
19	思南乌江三桥	155	中国	2013	钢牛腿
20	鸭绿江大桥	636	中国	2014	钢牛腿
21	舟山小干大桥	300	中国	2014	钢牛腿
22	界河公路大桥	636	中国	2014	钢牛腿

续表

编号	桥名	主跨跨径/m	国家	建成年份	牛腿形式
23	永川长江大桥	608	中国	2014	钢牛腿
24	黄舣长江大桥	520	中国	2014	钢牛腿
25	赤石大桥	380	中国	2016	钢牛腿
26	望东长江大桥	638	中国	2016	钢牛腿
27	石首长江大桥	820	中国	2019	钢牛腿
28	南溪长江大桥	572	中国	2012	钢牛腿
29	青山长江大桥	938	中国	2021	钢牛腿

在以往项目中,钢牛腿的钢壁板与混凝土塔壁间采用焊钉连接件(剪力钉)进行结合,由钢牛腿传递而来的拉索全部竖向分力以及部分水平分力都由钢壁板上的剪力钉传给混凝土塔壁。剪力钉不仅受到很大的竖向剪力,而且还受到水平向剪力作用,特别是在牛腿承载面附近钢壁板上的剪力钉还可能承受拉拔力,而在剪力和拉拔力共同作用下,加之剪力钉作用力分布的不均匀性,剪力钉的抗剪承载能力大为降低,有时达不到设计预想的结果。

基于上述认识,专门对钢壁板与混凝土塔壁结合面受力机制以及混凝土塔壁的抗裂性进行研究,采用抗剪能力更强、抗剪和拉拔力分布更均匀的开孔板连接件(PBL剪力键)的新型结合形式,完全取消了剪力钉。新型结合形式包括开孔板连接件结合部和箱格式连接结合部两种。通过开展模型试验,以检验其承载能力和抗裂性能。

9.3 索塔组合锚固结合部承载能力模型试验设计

9.3.1 概述

石首长江公路大桥主桥为主跨820m斜拉桥,跨径布置为(3×75+820+300+100)m,总体布置如图9-7所示。主桥主梁为单侧混合梁,混凝土主梁和钢主梁均采用分离式双边箱的PK梁断面。主桥混凝土索塔采用收腿的倒Y形造型,南塔高234m,北塔高232m,桥

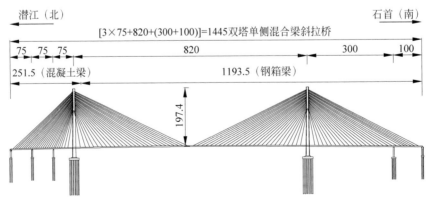

图9-7 总体布置(单位:m)

面以上高度均为198.2m,高跨比为0.242。桥塔基础采用整体式承台配大直径钻孔灌注桩群桩基础。斜拉索采用空间双索面布置,全桥共104对斜拉索。

斜拉索在塔端的锚固方式包括混凝土锚固及钢牛腿式钢锚梁锚固两种,最下面的6对斜拉索由于与竖向角度较大,因此直接锚固在混凝土底座上;其余斜拉索锚固在钢锚梁上,设置于上塔柱中。每座桥塔上布置23片钢锚梁,自下而上依次编号4～26号,如图9-8所示。

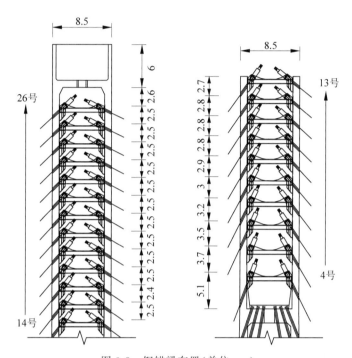

图9-8 钢锚梁布置(单位:m)

图9-9为石首长江大桥塔顶节段(26号)构造。节段高2.5m,混凝土端塔壁宽9.5m,侧塔壁宽8.5m,塔壁厚度为1m。斜拉索锚固在钢锚梁两端的锚头上,钢锚梁由塔壁内侧的钢牛腿支撑,钢牛腿通过钢壁板上的开孔板连接件与混凝土塔壁结合。

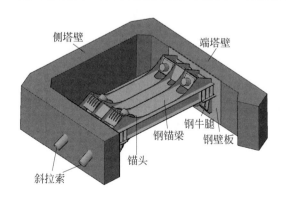

图9-9 索塔组合锚固节段构造

9.3.2 模型试件设计与制作

石首长江公路大桥的钢锚梁由横向对称的两个小型钢锚梁拼合而成,再安置于通过钢壁板与混凝土塔壁结合的钢牛腿上。由结构受力与构造的对称性,从中提取出单个斜拉索锚头对应的钢牛腿与混凝土结合的局部区域开展模型试验。考虑到模型试件对应节段需具备承受索力较大、受力比较复杂、构造具有代表性和试验加载方便等要求,选取 24 号节段 1/2 钢混结合部开展局部模型试验,如图 9-10 所示。由于试验区域在横桥向近似满足对称条件,为方便试件加工、试验测量和后期数据处理,将该局部模型做对称设计。模型试件共两个,第一个试件基于实桥进行缩尺设计,为开孔板式壁板构造,简称为开孔板式试件;第二个试件参考实桥设计,为箱格式壁板构造,简称为箱格式试件。

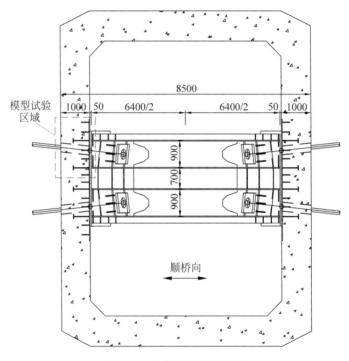

图 9-10 局部模型选取位置

由于场地和起吊设备的限制,难以对原有节段进行足尺模型试验,而缩尺试验的比例过小时,试验结果又较容易失真,故依据试验条件和研究需要,对结合部进行 1∶2 等比例缩尺。

钢壁板高度按实桥方案中竖向相邻斜拉索锚点间距 2500mm 进行缩尺,即模型钢壁板高度 1250m;钢壁板宽度在设计方案基础上考虑对称性要求取为 1125mm,厚度调整为 16mm。开孔板的外部尺寸及内部开孔按缩尺比变为设计值的一半,开孔板的间距统一调整为 150mm。为保证荷载作用下钢牛腿具有足够的强度,仅将钢牛腿各板件的长度、宽度缩减为设计值的一半,而厚度与设计值保持一致。

实桥混凝土塔壁的厚度为 1000mm,缩尺后为 500mm。模型试件需要锚固在地面上,综合考虑试验场地条件和模型边界条件,模型混凝土尺寸拟定为 2200mm×2800mm×

500mm，并保证与实桥配筋率一致的条件下配筋，模型试件尺寸如图9-11所示。

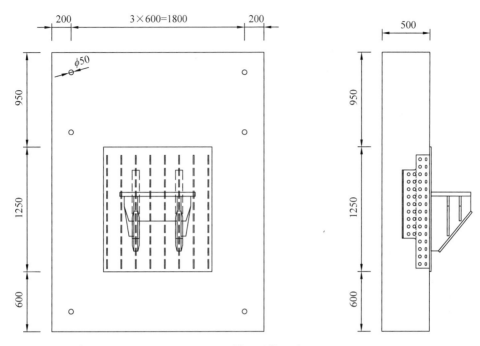

图 9-11　模型试件尺寸

试件钢结构在加工厂进行加工，之后运到试验场地。图 9-12 为钢结构在工厂进行焊接，图 9-13 和图 9-14 分别为加工好的开孔板式壁板和箱格式壁板实物图。由于试件水平放置浇筑，为保证壁板下混凝土浇筑的密实度，混凝土从一侧浇筑并振捣，使其流至另一侧。

图 9-12　焊接钢结构

 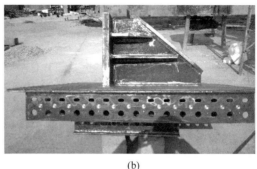

图 9-13　开孔板式壁板实物图

(a) 正面；(b) 侧面

 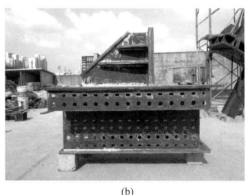

图 9-14　箱格式壁板实物图

(a) 正面；(b) 侧面

9.3.3　试验加载方案

选取的钢锚梁节段对应斜拉索的设计拉索力为 9182.052kN，竖向分力为 6433.578kN。试验中对节段局部进行 1∶2 缩尺，根据应力等效原则，对试件施加 1 倍设计荷载（1P），为 $1P=6433.578\times 1/4\text{kN}\approx 1608\text{kN}$。

试件加载方式如图 9-15 所示，以开孔板式试件为例，利用 2 个 300t 千斤顶对结构进行水平加载，用水平推力来模拟斜拉索经由钢锚梁传递而来的竖向力。千斤顶一端通过分配梁、挡块和垫板顶在反力墙上，另一端通过分配梁作用在试件钢牛腿上；混凝土壁通过地锚锚在地面上以防止加载时被掀起，同时远反力墙侧顶在反力梁上以传递水平力。反力梁通过 8 根 40mm 精轧螺纹钢与反力墙锚固，从而形成一个自平衡体系。混凝土壁和反力梁底部垫上混凝土垫层来调整加载的高度。由于试验场地的限制，试件不能紧贴反力墙放置，需保证 1280mm 的距离。

1. 预加载

考虑到试验加载系统采用千斤顶配合油压表的方式进行，千斤顶张拉吨位较大，同时油压表的表盘精度有限，正式加载之前，先以 0.4 倍设计荷载进行预加载，以检查加载系统安

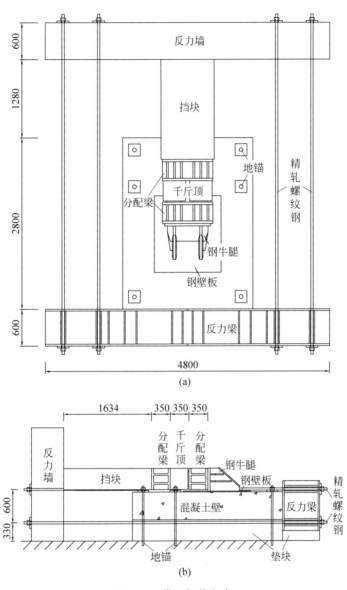

图 9-15 模型加载方式
(a) 平面；(b) 侧立面

全性和可靠性，并调试测试仪器以消除初始非线性影响。预加载时，斜拉索索力竖向分力分 4 级施加，每级增加 0.1 倍设计荷载，同时每级荷载持荷 15min，预加载完成后卸载至 0，预加载荷载历程如图 9-16 所示。

2. 正式加载

正式加载时，按各级增量 $0.1P$ 加载至 $2.5P$，除 $2.5P$ 持荷 30min 外，各级持荷 15min，正式加载荷载历程如图 9-17 所示。

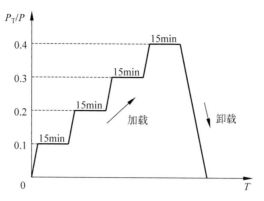

图 9-16 预加载荷载历程

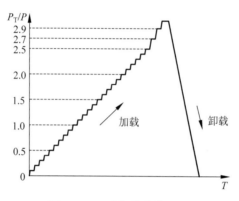

图 9-17 正式加载荷载历程

9.3.4 试验测试方案

1. 钢板应变测试

为研究索塔锚固区钢结构应力分布、混凝土受力情况及钢混结合面传力机制等方面的内容,在关键位置布置应力应变测点。

钢壁板上竖向应力一定程度上反映了索力竖向分力在结合部的传递规律,因此在开孔板肋位置及肋间布置 32 个单向应变片,应变片位置及编号如图 9-18 所示。由于结构的对称性,主要在钢壁板一侧布置了应变片,在另一侧布置了两个对称片。

开孔板的受力情况是本次试验关注的重点。一般情况下,可以通过在相邻孔间布置应变片来计算单个连接件的剪力。但由于试验模型开孔板孔间距较小,孔间应力变化大,无法准确测量连接件受力,因此考虑在相邻四孔的中间区域布置三向应变片测试开孔板的应力分布及主应力方向。由于结构的对称性,仅在一侧的 a~d 板上布置应变片,应变片位置及编号如图 9-19 所示。

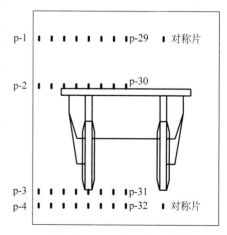

图 9-18 钢壁板上应变片布置

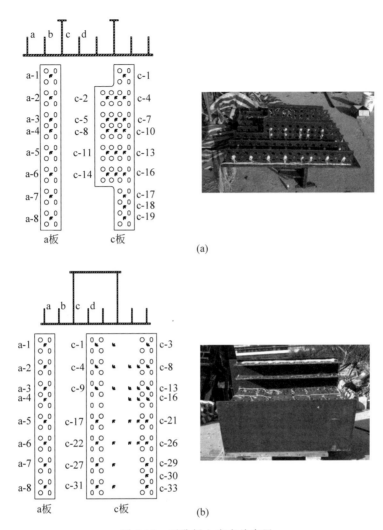

图 9-19　开孔板上应变片布置
(a) 开孔板式试件；(b) 箱格式试件

2. 钢筋应变测试

普通钢筋与混凝土形成黏结，混凝土未开裂前，黏结处普通钢筋与混凝土应变一致。而混凝土抗拉强度较低，当混凝土中产生的拉应力大于其抗拉强度时，便会发生开裂，混凝土退出工作，此时将由混凝土中的普通钢筋代替混凝土承受拉力。据此，参考有限元计算结果在混凝土拉应力较大位置的钢筋上布置应变片，以判断对应位置混凝土是否开裂。钢筋测点位置及编号如图 9-20 所示，穿孔钢筋上每处有两个应变片：一个应变片在上表面（较大编号）；另一个应变片在下表面（较小编号）。

3. 相对滑移及变形测试

为了得到试验模型在荷载作用下钢与混凝土的水平方向及拉拔方向相对滑移，在试验模型的关键位置处布置位移计，如图 9-21 所示。位移计总计为 8 个，WY-1 测试模型的试件位移量，WY-2 测试试件整体位移量，其中 WY-3～WY-7 测试钢壁板和混凝土间的相对滑移，WY-8 测试钢壁板顶部和混凝土间的脱离量。

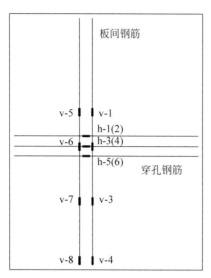

板间钢筋

穿孔钢筋

图 9-20　钢筋上应变片布置

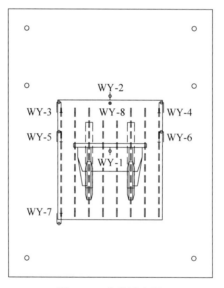

图 9-21　位移计布置

9.4　模型试验结果分析

9.4.1　开孔板式试件测试结果分析

1. 加载过程

开孔板式试件加载示意如图 9-22 所示。当荷载增加到约 $1.9P$（1.9 倍设计荷载）时，混凝土上表面出现第一条裂缝。随着荷载增加，裂缝进一步扩展；当荷载增加至 $2.1P$ 时，试件右侧对称位置出现裂缝。随着荷载持续增加，可以听到响声，混凝土表面裂缝进一步发展、连通；当荷载增加到 $2.5P$ 时，混凝土表面两侧均有大面积剥离现象；继续增加荷载，可以听到闷响声;当荷载增加到约 $2.9P$ 时,听到连续两声大的响声,试件发生破坏,裂缝整体呈"几"字形,如图 9-23 所示。

图 9-22　开孔板式试件加载

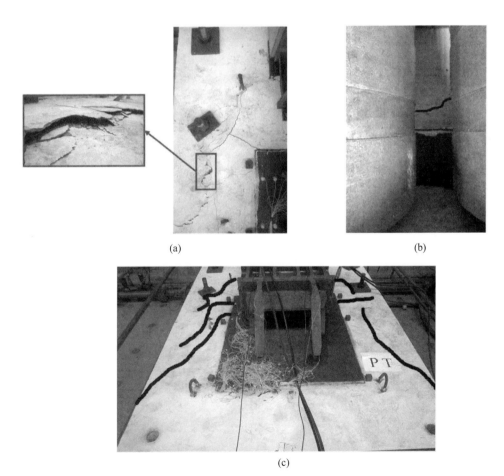

图 9-23　破坏时试件表面裂缝
(a) 左侧局部;(b) 壁板上侧;(c) 整体

2. 钢板应力

图 9-24 为钢壁板在 $1.0P$、$1.7P$ 和 $2.5P$ 荷载作用下实测的 Y 向应力分布,局部坐标系如图所示。可以看出,钢壁板上与钢牛腿连接部位应力水平较高,而其他区域应力水平整体较低。牛腿顶板对应部位受拉,而钢牛腿支撑板下部对应部位集中受压。具体而言,在

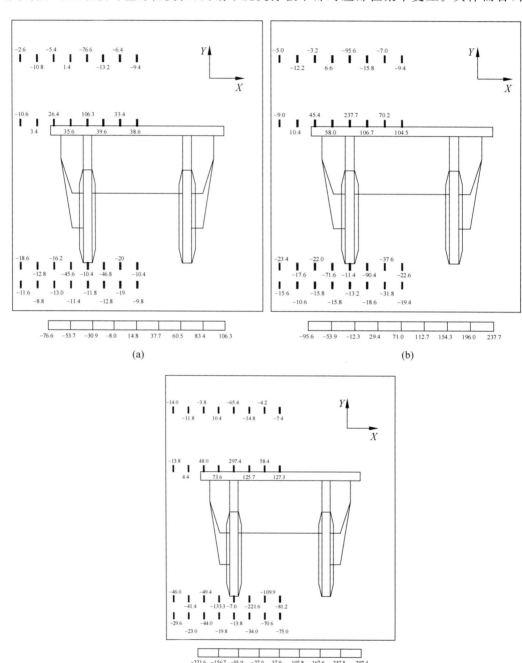

图 9-24 钢壁板上测点 Y 向应力实测值(单位:MPa)
(a) $1.0P$;(b) $1.7P$;(c) $2.5P$

1.0P 荷载作用下,测点 Y 向最大拉应力为 106.5MPa,最大压应力为 76.6MPa,均小于材料屈服强度,说明钢结构安全可靠。在 2.5P 荷载作用下,测点 Y 向最大拉应力为 297.4MPa,最大压应力为 211.6MPa。

图 9-25 为钢壁板上部分测点 Y 向应力随荷载变化曲线。可以看出,受拉区应力在 1.9P 之前随着荷载增大而增加,1.9P 之后,应力缓慢减小;受压区压应力值随荷载增大而增加,且荷载超过 1.9P 后增加得更快。

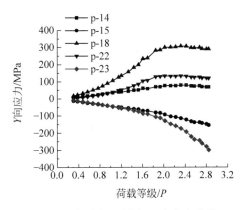

图 9-25 钢壁板上测点 Y 向应力曲线

图 9-26～图 9-29 为开孔板在 1.0P、1.7P 和 2.5P 荷载作用下的实测 Mises 应力分布,图中未标注 Mises 应力值的测点为无效测点。从图中可以看出,开孔板上测点 Mises 应力随高度变化有明显的规律。从第 1 排孔往下,Mises 应力逐渐增加,在第 6 排孔附近达到极大值;继续往下,Mises 应力先减小后增加,在第 12 排孔附近出现第二个峰值,最后再减

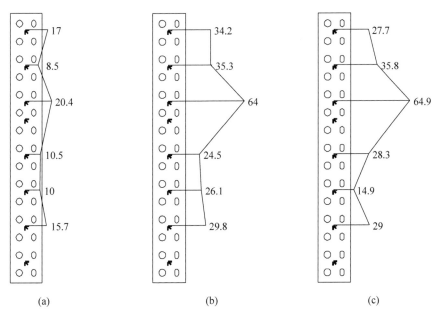

图 9-26 a 板测点 Mises 应力实测值(单位:MPa)
(a) 1.0P;(b) 1.7P;(c) 2.5P

小。在 1.0P 荷载作用下,开孔板上有效测点最大 Mises 应力为 121.3MPa,出现在 c 板第 13、14 排孔之间;在 1.7P 荷载作用下,开孔板上有效测点最大 Mises 应力为 153.8MPa,出现在 c 板第 6、7 排孔之间近钢壁板处;在 2.5P 荷载作用下,开孔板上有效测点最大 Mises 应力为 261.2MPa,出现在 c 板第 3、4 排孔之间远离钢壁板处。对比不同板件,c 板受力最大,为主要受力板件;离 c 板最远的 a 板受力最小。

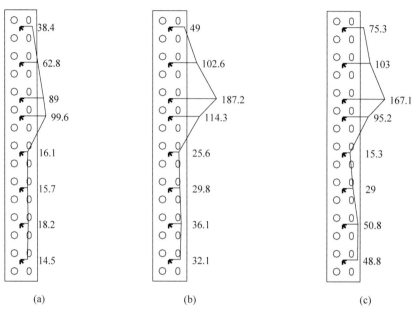

图 9-27　b 板测点 Mises 应力实测值(单位:MPa)

(a) 1.0P;(b) 1.7P;(c) 2.5P

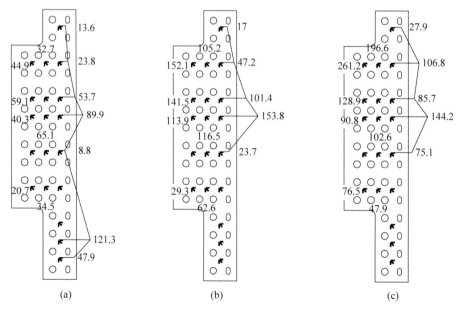

图 9-28　c 板测点 Mises 应力实测值(单位:MPa)

(a) 1.0P;(b) 1.7P;(c) 2.5P

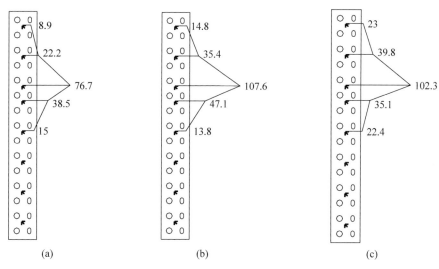

图 9-29 d 板测点 Mises 应力实测值(单位:MPa)
(a) 1.0P;(b) 1.7P;(c) 2.5P

图 9-30 为开孔板上部分测点 Mises 应力随荷载变化曲线。可以看出,不同测点 Mises 应力随荷载增加而变化的趋势比较接近。大部分测点在荷载低于约 1.9P 时,应力随荷载增加而增加;荷载超过约 1.9P 时,应力随荷载增加而减小。这是因为在荷载增加到约 1.9P 时,试件上表面出现第一条裂缝,结构刚度有所变化,力的分配关系发生变化导致测点应力随荷载变化趋势的变化。

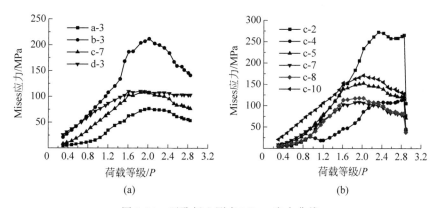

图 9-30 开孔板上测点 Mises 应力曲线
(a) 不同板同一位置;(b) c 板不同位置

3. 钢筋应力

图 9-31 为 1.0P、1.7P 和 2.5P 荷载作用下实测的板间钢筋上测点轴向应力分布。2.5P 时,v-1 和 v-5 两测点应变数值溢出,未能得到其应力值。可以看出,左侧纵向主筋比右侧的受力更大。在 1.0P 荷载作用下,钢筋上测点最大拉应力为 63.0MPa,最大压应力为 45MPa;在 1.7P 荷载作用下,钢筋上测点最大拉应力 167.7MPa,最大压应力为 89.4MPa;在 2.5P 荷载作用下,由于 v-1 和 v-5 两测点的应变输出溢出,最大拉应力值无从得知,最大压应力为 143.5MPa。

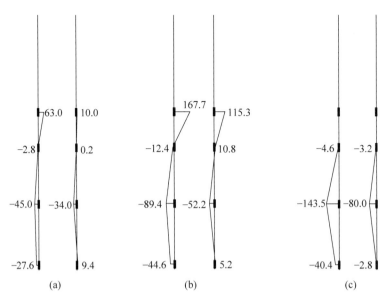

图 9-31　板间钢筋上测点轴向应力实测值（单位：MPa）

(a) 1.0P；(b) 1.7P；(c) 2.5P

图 9-32 为板间钢筋上部分测点轴向应力随荷载变化曲线。受拉区测点 v-1 和 v-5 对应曲线斜率逐渐增加；荷载超过 1.7P 后，v-1 和 v-5 两测点应变数值突然增大直至溢出，说明测点附近混凝土出现裂缝，钢筋上应力突然增大导致应变值的溢出。当荷载不超过 2.4P 时，受压区测点 v-3 和 v-7 对应曲线斜率几乎不变，说明该处结构处于弹性阶段。图 9-33 为穿孔钢筋上测点轴向应力随荷载变化曲线。穿孔钢筋整体受力水平较低，最大拉应力为 69.0MPa，最大压应力为 71.6MPa。穿孔钢筋上表面测点受拉，下表面测点受压，且在荷载低于 1.4P 时，数值几乎相等。这是由于作用在牛腿顶面的荷载对上部连接件有一个拉拔作用，穿孔钢筋过孔处会向下弯曲，从而表现为上部受拉，下部受压。

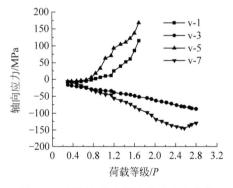
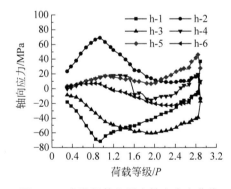

图 9-32　板间钢筋上测点轴向应力曲线　　图 9-33　穿孔钢筋上测点轴向应力曲线

4. 钢-混相对变形

图 9-34 为钢壁板和混凝土（钢-混）相对滑移量随荷载变化曲线，对称位置处的测点取平均值。可以看出，随着荷载的增加，滑移量增加得越来越快，且测点 WY-3 和 WY-4 对应的曲线在 1.9P 和 2.6P 两处曲线斜率明显增大，说明这两处结构刚度有明显降低。

图 9-35 为钢壁板和混凝土(钢-混)脱离量随荷载变化曲线。可以看出,当荷载较小时,脱离量随荷载增加线性增加;当荷载超过 1.4P 后,曲线的斜率开始增加,同样在 1.9P 和 2.6P 时曲线斜率明显增加,说明这两处结构刚度有明显降低。

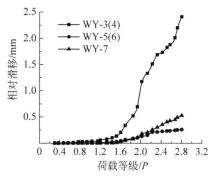

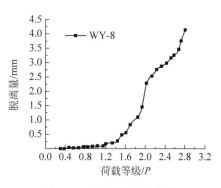

图 9-34　钢-混相对滑移曲线　　　　　图 9-35　钢-混脱离量曲线

9.4.2　箱格式试件测试结果分析

1. 加载过程

箱格式试件加载示意如图 9-36 所示。由于加载设备条件,最后只加载到 2.5P,试验过程中未观察到明显裂缝,仅在加载到 1.5P 左右时听到几声闷响。

图 9-36　箱格式试件加载示意

2. 钢板应力

图 9-37 为钢壁板在 1.0P、1.7P 荷载作用下实测的 Y 向应力分布,局部坐标系如图中所示。可以看出,钢壁板上与钢牛腿连接部位应力水平较高,而其他区域应力水平整体较低。牛腿顶板对应部位受拉,而钢牛腿支撑板下部对应部位集中受压。具体而言,在 1.0P 荷载作用下,测点 Y 向最大拉应力为 217.4MPa,最大压应力为 84.4MPa;在 1.7P 荷载作用下,测点 Y 向最大拉应力为 454.6MPa,最大压应力为 119.1MPa。

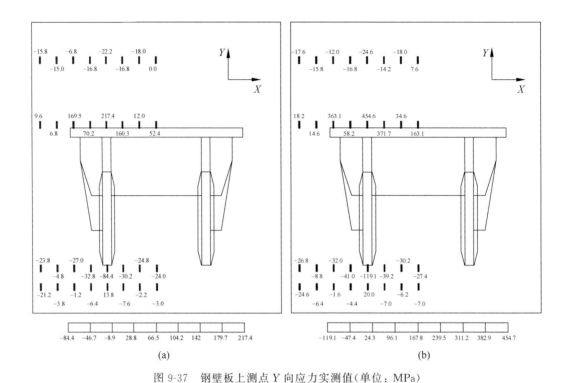

图 9-37 钢壁板上测点 Y 向应力实测值(单位:MPa)

(a) $1.0P$;(b) $1.7P$

图 9-38 为钢壁板上部分测点 Y 向应力随荷载变化曲线。可以看出,除 p-22 测点外,其他测点的 Y 向正应力随荷载增加基本保持线性增长。

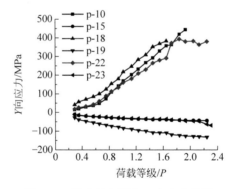

图 9-38 钢壁板上测点 Y 向应力曲线

图 9-39～图 9-42 为开孔板在 $1.0P$、$1.7P$ 和 $2.5P$ 荷载作用下的实测 Mises 应力分布。图中未标注 Mises 应力值的测点为无效测点。从图中可以看出,开孔板上测点 Mises 应力随高度变化有明显的规律。从第 1 排孔往下,Mises 应力逐渐增加,在第 6 排孔附近达到极大值;继续往下,Mises 应力先减小后增加,在第 12 排孔附近出现第二个峰值,最后再减小。在 $1.0P$ 荷载作用下,开孔板上有效测点最大 Mises 应力为 171.6MPa,出现在 c 板第 5、第 6 排孔之间;在 $1.7P$ 荷载作用下,开孔板上有效测点最大 Mises 应力为 379.2MPa,

出现在 c 板第 5、第 6 排孔之间近钢壁板处；在 2.5P 荷载作用下，开孔板上有效测点最大 Mises 应力为 405.9MPa，出现在 c 板第 12、第 13 排孔之间。对比不同板件，c 板受力最大，a 板受力最小。

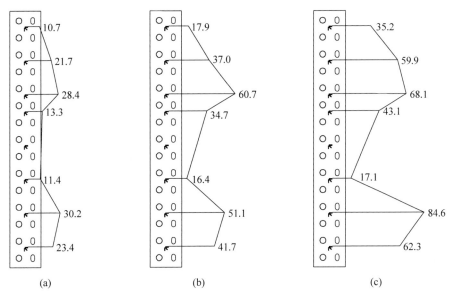

图 9-39　a 板上测点 Mises 应力实测值（单位：MPa）
(a) 1.0P；(b) 1.7P；(c) 2.5P

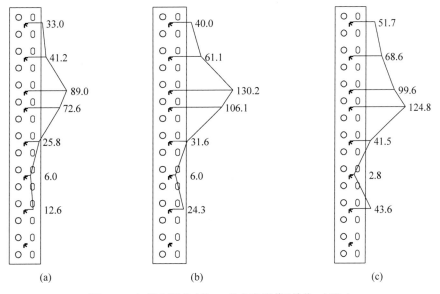

图 9-40　b 板上测点 Mises 应力实测值（单位：MPa）
(a) 1.0P；(b) 1.7P；(c) 2.5P

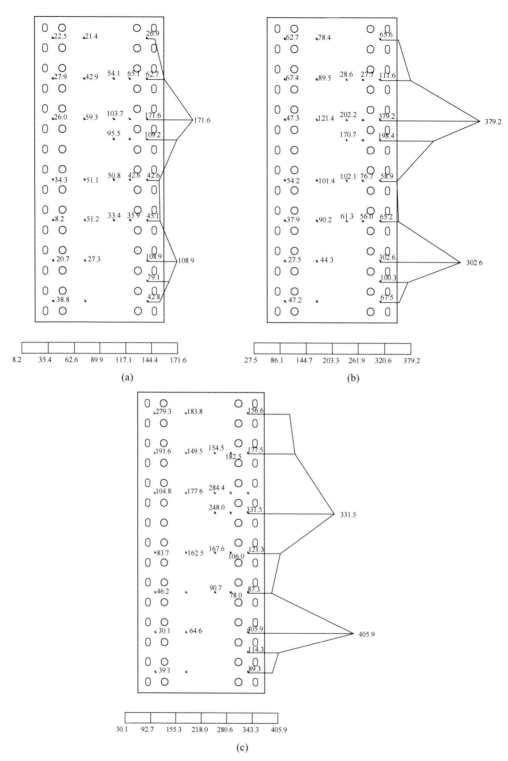

图 9-41　c 板上测点 Mises 应力实测值（单位：MPa）

(a) 1.0P；(b) 1.7P；(c) 2.5P

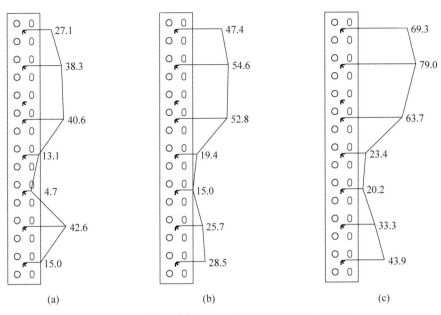

图 9-42　d 板上测点 Mises 应力实测值（单位：MPa）

(a) $1.0P$；(b) $1.7P$；(c) $2.5P$

图 9-43 为开孔板上部分测点 Mises 应力随荷载变化曲线。可以看出，测点 Mises 应力随着荷载的增加而增加，c-13 号测点在约 $1.8P$ 时 Mises 应力达到 430MPa，局部钢板已屈服。

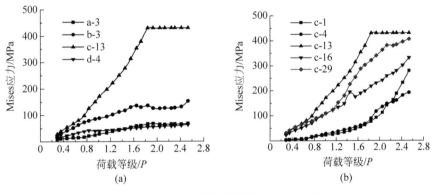

图 9-43　开孔板上测点 Mises 应力曲线

(a) 不同板同一位置；(b) c 板不同位置

3. 钢筋应力

图 9-44 为 $1.0P$、$1.7P$ 荷载作用下实测板间钢筋上测点轴向应力分布。可以看出，左侧纵向主筋比右侧的受力更大。在 $1.0P$ 荷载作用下，钢筋上测点最大拉应力为 23.6MPa，最大压应力为 26.8MPa；在 $1.7P$ 荷载作用下，钢筋上测点最大拉应力为 170.3MPa，最大压应力为 57.4MPa。

图 9-45 为板间钢筋上部分测点轴向应力随荷载变化曲线。当荷载低于 $1.2P$ 时，各测点曲线斜率几乎保持不变，说明测点附近局部处于弹性阶段；当荷载超过 $1.2P$ 后，v-5 测

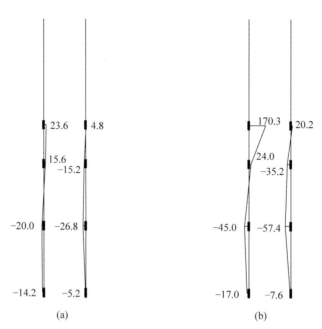

图 9-44 板间钢筋上测点轴向应力实测值(单位：MPa)

(a) 1.0P；(b) 1.7P

点对应曲线斜率开始明显增加,说明测点附近混凝土进入塑性段,钢筋分担力的比例开始增加；其余 3 个测点对应曲线的斜率在荷载超过约 1.7P 后开始增加,但并不明显。图 9-46 为横向穿孔钢筋上测点轴向应力随荷载变化曲线。可以看出,横向钢筋整体受力水平较低,整体表现为受压状态,最大拉应力为 13.4MPa,最大压应力为 60.2MPa。

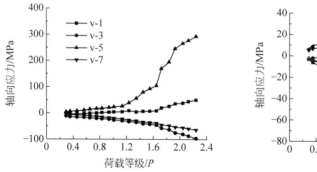
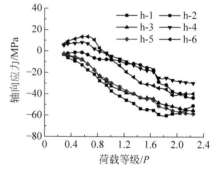

图 9-45 板间钢筋上测点轴向应力曲线　　图 9-46 横向穿孔钢筋上测点轴向应力曲线

4. 钢-混相对变形

图 9-47 为钢壁板和混凝土相对滑移量随荷载变化曲线,对称测点的测试结果取平均值。可以看出,当荷载低于 1.0P 时,钢筋混凝土相对滑移量随荷载增加保持线性增长；当荷载超过 1.0P 后,相对滑移量增加得越来越快。图 9-48 为钢壁板和混凝土脱离量随荷载变化曲线。可以看出,当荷载较小时,脱离量随荷载增加基本呈线性增加；当荷载超过 1.4P 后,曲线的斜率开始持续增加。

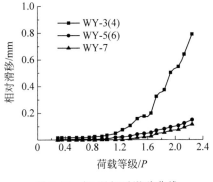
图 9-47 钢-混相对滑移曲线

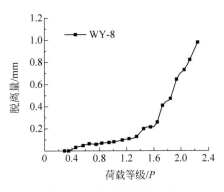
图 9-48 钢-混脱离量曲线

9.4.3 两试件测试结果比较

1. 钢板应力

对比两个试件的钢板应力测试结果可以发现，两种构造形式下，钢板上应力分布规律相似。以 a 板为例，从 a-1 号测点到 a-3 号测点 Mises 应力增加，然后先减小再增加再减小，第二个峰值点位于 a-7 号测点处，如图 9-49 所示。

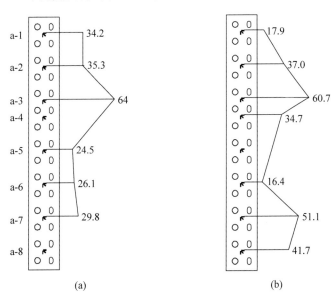

图 9-49 1.7P 时 a 板上测点 Mises 应力分布（单位：MPa）
(a) 开孔板式试件；(b) 箱格式试件

图 9-50 为两个试件开孔板上相同位置处测点应力比较。可以看出，开孔板式试件上测点 Mises 应力值在荷载超过 1.9P 后开始减小；箱格式试件上 b-3 号测点 Mises 应力曲线在荷载达到 1.7P 后会出现一段平台，然后在荷载达到约 2.4P 后开始增加；d-3 号测点 Mises 应力值分两段线性增加，斜率变化点约在 0.9P。

图 9-51～图 9-53 为 c 板上测点应力比较。可以看出，当荷载加到 1.0P 时，第 1、2 列孔间 3、4 测点 Mises 应力较大，说明拉拔力主要由测点附近连接件来承担；而当荷载加到

1.7P 和 2.5P 时，左上角测点的 Mises 应力变得很大，说明测点附件承受了较大拉拔力。

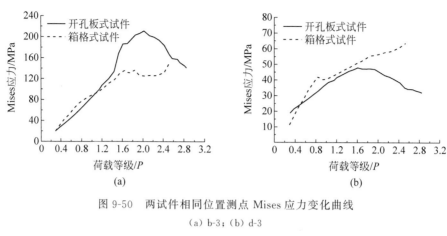

图 9-50　两试件相同位置测点 Mises 应力变化曲线
(a) b-3；(b) d-3

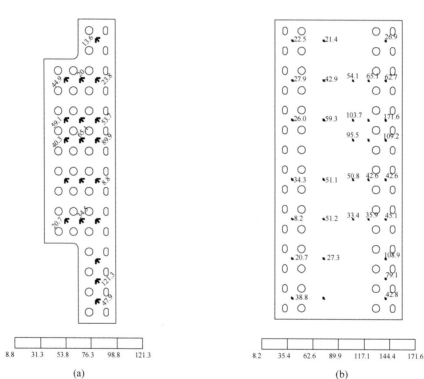

图 9-51　1.0P 时 c 板上测点 Mises 应力（单位：MPa）
(a) 开孔板式试件；(b) 箱格式试件

2. 钢筋应力

图 9-54 为两试件板间受力主筋上 v-5 号测点轴向应力随荷载变化曲线。可以看出，开孔板式试件在荷载超过 0.8P 后，曲线斜率开始增加，说明钢筋分担力的比例在增加，测点附近混凝土已表现出非线性；而箱格式试件曲线斜率在荷载超过 1.2P 后才开始增加。此外，当荷载超过 1.7P 后，开孔板式试件上 v-5 测点应力值突增，说明此时测点附近混凝土出现了与应变测试方向垂直的裂缝；而箱格式试件上测点并无此现象。

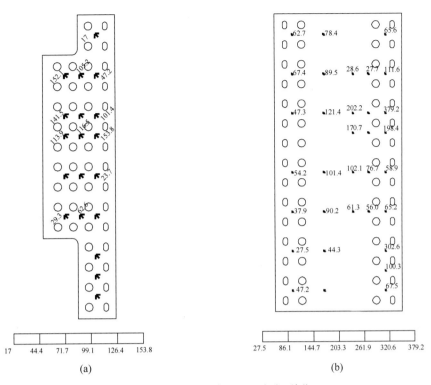

图 9-52　1.7P 时 c 板上测点 Mises 应力（单位：MPa）
（a）开孔板式试件；（b）箱格式试件

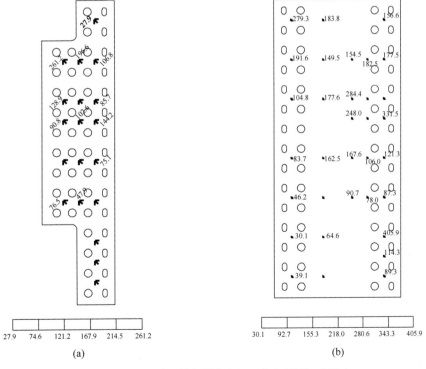

图 9-53　2.5P 时 c 板上测点 Mises 应力（单位：MPa）
（a）开孔板式试件；（b）箱格式试件

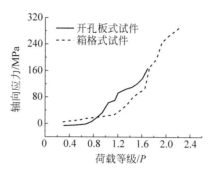

图 9-54　v-5 测点轴向应力变化曲线

3. 钢-混相对变形

图 9-55 为两试件钢壁板和混凝土相对滑移量比较。可以看出,加载初期,两试件的抗剪刚度几乎相同,钢-混相对滑移量也比较接近;在荷载分别达到 1.6P 和 1.9P 时,开孔板式试件对应曲线斜率有两次明显的增加,说明结构刚度有明显变化,这也使得开孔板试件的钢-混相对滑移量明显大于箱格式试件的。图 9-56 为两试件钢壁板和混凝土脱离量比较。可以看出,开孔板式壁板和混凝土的脱离量曲线斜率要大于箱格式壁板和混凝土的,说明箱格式试件的抗拉拔刚度要大于开孔板式试件。箱格式试件的脱离量曲线斜率增加得比较缓慢,而开孔板式试件对应的曲线在 1.7P 和 2.7P 两处斜率明显增加。

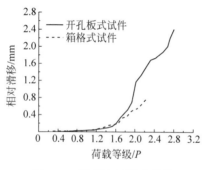

图 9-55　钢-混相对滑移曲线

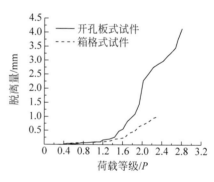

图 9-56　钢-混脱离量曲线

4. 混凝土裂缝

开孔板式试件加载到 1.7P 时,c 板第 1 排孔附近混凝土已有裂缝形成,但由于位于钢壁板下部且裂缝初期形成于混凝土内部,试验过程中无法观测到;随着荷载进一步增加到 1.9P,裂缝发展出钢壁板遮挡区域而被观测到,此时结构刚度明显降低;随着荷载进一步的增加,新裂缝不断形成,旧裂缝不断发展并连接成为一个"几"字形的面,整体有明显向外被拉起的趋势;当荷载增加到 2.9P 左右时,听到两声较大的响声,结构刚度又有明显降低,结构破坏。

箱格式试件在整个加载过程中,只在荷载增加到 1.5P 时听到几声闷响,加载到 2.5P 后未在试件表面观察到明显裂缝。

9.5 结论

9.5.1 开孔板式结合部

根据钢牛腿-塔壁结合部模型试验可知,采用开孔板连接构造的斜拉桥索塔组合锚固结合部极限承载力超过两倍设计荷载值,具有较高的承载能力。最终破坏形态为混凝土塔壁内表面的开裂与剥落。

钢结构板件在约两倍设计荷载值之前应力随荷载等级呈线性变化,在 $2.5P$ 荷载时最大应力小于钢材的屈服强度,说明开孔板连接构造索塔组合锚固结合部受力性能良好,结构安全可靠,具有较好的适用性。

塔壁表观开裂荷载约为 $1.9P$,大于塔壁内部开裂荷载 $1.0P$,说明开孔板连接构造钢壁板-塔壁组合锚固结合部抗裂性能良好,具有较好的耐久性。

9.5.2 箱格式结合部

根据索塔组合锚固箱格式结合部 1∶2 缩尺模型试验可知,在 $1.8P$ 荷载作用时,除钢壁板与钢牛腿上承板连接部和 c 开孔板局部达到屈服强度外,其余钢结构和普通钢筋均处于弹性工作状态,说明箱格式连接构造承载性能良好,结构安全可靠。

从钢筋应力和相对位移结果来看,塔壁开裂荷载约为 $1.2P$。由于箱格式连接构造外面板对塔壁混凝土形成"套箍"作用,$2.2P$ 荷载作用下最大脱离量仅约 1.0mm,最大竖向滑移量仅不到 0.8mm,结构具有良好的整体刚度。

试件加载至 $2.5P$ 时塔壁表面未出现明显开裂,表明壁板构造具有较好的抗裂性,有利于提高索塔组合锚固结构的耐久性。

参 考 文 献

[1] 陶海,李海波,林岩松.斜拉桥 PK 断面主梁的空间应力分析与简化计算方法[J].强度与环境,2008, 35(5):9-16.

[2] 查进.超大跨径混合梁斜拉桥宽箱梁高性能混凝土防裂技术与耐久性研究[D].武汉:武汉理工大学,2009.

[3] 张宏杰,朱乐东.箱形主梁悬臂水平分离板的颤振控制效果与机理[J].同济大学学报(自然科学版), 2011,39(11):1569-1640,1574.

[4] 张玉平,谢文昌,李传习.无铺装层 PK 断面混凝土梁日照温度场分析[J].公路交通科技,2016,33(4):59-65.

[5] 常付平,卢永成,李文勃,等.跨巢湖大桥分离式双箱 PK 断面结合梁设计[J].桥梁建设,2015,45(1):91-96.

[6] 李飞,陈楚龙,陶智驰,等.宽幅 PK 断面混凝土斜拉桥剪力滞效应研究[J].交通科技,2017,280(1):37-39,43.

[7] WALTER P J,MULLER J M. Construction and design of prestressed concrete segmental bridges [M]. New York:John Wiley & sons,1982.

[8] MILLER M D. Durability survey of segmental concrete bridge[J]. PCI Journal,1995:110-114.

[9] 美国各州公路和运输工作者协会(AASHTO).美国公路桥梁设计规范:荷载与抗力系数设计法 [M].辛济平,万国朝,张文,等译.北京:交通出版社,1998.

[10] CLIFFORD L F. Ten years of segment achievements and projections for the next century[J]. PCI Journal,1999:36-52.

[11] CHRISTIAN B,HORST R. Bang Na expressway,Bangkok,Thailand-Worlds longest bridge and largest precasting operation [J]. PCI Journal 2000:26-38.

[12] 陈虎成,张家元,刘明虎,等.石首长江公路大桥主桥总体设计[J].桥梁建设,2017,47(5):6-11.

[13] 孙百峰.倒 Y 型索塔下塔柱施工过程模拟与预张拉方案设计[J].铁道建筑技术,2017(8):28-31.

[14] 赖亚平,王科,李锦.泸州沱江四桥主桥扭转、剪力滞效应及关键构造研究[J].桥梁建设,2016, 46(4):17-22.

[15] 卫星,杨世玉.单箱双室波形钢腹板 PC 箱梁剪力滞效应分析[J].铁道工程学报,2017,34(3):29-33.

[16] 蔺鹏臻,阳放,雒敏,等.单箱双室箱梁对称弯曲时的局部扭转效应[J].建筑结构学报,2017,38(7):68-77.

[17] 蔺鹏臻,方炜彬,杨子江,等.预应力作用下箱梁桥的剪力滞效应研究[J].中国公路学报,2015, 28(5):101-107.

[18] 赵健,田亮,高伟.混凝土水化效应的抗裂性能优化与数值模拟分析[J].铁道建筑技术,2017(8):5-8,17.

[19] 汪建群,方志,刘杰.大跨预应力混凝土箱梁水化热测试与分析[J].桥梁建设,2016,46(5):29-34.

[20] 周凌宇,郑恒,侯文崎,等.短线预制箱梁节段线形误差的改进调整法[J].华中科技大学学报(自然科学版),2016,44(9):99-104.

[21] 田亮.石首长江公路大桥预应力混凝土箱梁张拉方案对比分析[J].石家庄铁道大学学报(自然科学版),2017,30(2):17-23.

[22] 王同民,任文辉.银川滨河黄河大桥东水中引桥施工关键技术[J].桥梁建设,2017,47(3):105-110.

[23] 李翠娟,李永乐,强士中.分离式双箱主梁断面气动优化措施研究[J].土木工程学报,2015,48(11): 54-60,102.

[24] 徐重财,郑舟军.九江长江公路大桥宽幅主梁结合段剪力滞效应分析[J].桥梁建设,2010,(3),11-14,28.

[25] 徐华,余泽,唐盛华,等.超宽分离式混凝土边箱梁剪力滞效应研究[J].中外公路,2012,32(4): 93-98.

[26] 谢芬,许红胜,颜东煌,等.斜拉桥悬臂施工阶段分离式钢箱梁的剪力滞效应分析[J].长沙理工大学学报(自然科学版),2012,9(2):31-38.

[27] 乔朋,周绪红,狄谨.扁平钢箱梁剪力滞效应分析[J].交通运输工程学报,2014,14(4):36-44.

[28] 李飞,陈楚龙,陶智驰,等.宽幅PK断面混凝土斜拉桥剪力滞效应研究[J].交通科技,2017,280(1): 37-43.

[29] 赵健,王元清,宋伟俊,等.石首长江公路大桥北边跨主梁施工关键技术[J].桥梁建设,2018,48(4): 102-107.

[30] 薛普.大体积承台混凝土施工的温控技术[J].铁道建筑技术,2008(S1):306-311.

[31] 任更锋,常仕东,张锦凯.连续刚构桥零号块高强混凝土水化热效应分析[J].广西大学学报(自然科学版),2017,42(1):309-314.

[32] 张静.大体积混凝土承台水化热及温控措施研究[J].铁道建筑技术,2013(1):17-21.

[33] 李明贤,张辰熙.混凝土水化热对多年冻土地温的影响研究[J].低温建筑技术,2013,35(7): 114-119.

[34] 郭春香,杨凡杰,吴亚平,等.混凝土水化热对寒区隧道围岩融化及回冻过程的影响[J].铁道学报,2011,33(11):106-110.

[35] 杨建斌,方志,何俊荣,等.江市特大桥箱梁混凝土水化热温度实测与分析[J].公路工程,2013,38(6):65-69.

[36] KAZUKI T,KAZUHITO M,NOBUAKI S. Numerical calculation mechanics model considering hydration of concrete[J]. Fracture Mechanics of Concrete Structures,2001,1(2):107-110.

[37] HERNANDEZ E,BENTZ D P,SANDOVAL-TORRES S,et al. Numerical simulation of heat and mass transport during hydration of Portland cement mortar in semi-adiabatic and steam curing conditions [J]. Cement & Concrete Composites,2016:1-5.

[38] 中交武汉港湾工程设计研究院有限公司.水运工程大体积混凝土温度裂缝控制技术规范:JTS/T 202-1-2022[S].北京:人民交通出版社,2010.

[39] 赵永刚.武汉天兴洲长江大桥北汊桥大体积混凝土温控与仿真分析[J].铁道建筑技术,2007(3): 64-67.

[40] 王军,郝宪武,李锋,等.考虑管冷的混凝土水化热温度场的有限元分析[J].广西大学学报(自然科学版),2013,38(4):929-935.

[41] 张亮亮,赵亮,袁政强,等.桥墩混凝土水化热温度有限元分析[J].重庆大学学报(自然科学版),2007,30(10):73-76.

[42] 岳著文,孙学锋,张德财,等.大体积混凝土底板水化热数值计算研究[J].施工技术,2017,46(4): 128-131.

[43] 涂伟成,刘松,张明雷.富春江船闸大体积混凝土温度及裂缝控制技术[J].混凝土世界,2015,76(10):78-81.